JN093251

留学生のための ビジネスマナー ワークブック

はじめに

　昨年 6 月の時点で、日本に留学している人数は、出入国在留管理庁の調べによると、中長期在留者数[※1]は 293 万 9051 人、特別永住者数は 28 万 4807 人で、これらを合わせた在留外国人数は 322 万 3858 人となり、前年末（307 万 5213 人）に比べ、14 万 8645 人（4.8％）増加しました。性別では、男性が 160 万 8275 人（構成比 49.9％）、女性が 161 万 5578 人（同 50.1％）でした。

　コロナ禍をすぎて、その人数は増加傾向にあるようです。これは、日本国内の人材不足が大きな課題になっている昨今、外国籍の方の労働力に対する期待も高まっていることに対する動きなのではないかと推測されます。留学をして、日本語と、それぞれに目指す技術を習得し、日本での就職を目指す皆さんは、就職の時点で、言葉だけでなく、ビジネスマナーや考え方なども学ばなければいけません。この本では、一般的なビジネスマナーに加えて、就職活動に少しでも役に立つテキストとして、お使いいただきたいという思いで書きました。以前、私が、留学生のための

[※1]　「中長期在留者」とは、入管法上の在留資格をもって我が国に在留する外国人のうち、次の（1）から（4）までのいずれにも当てはまらない人です。
　なお、次の（5）及び（6）に該当する人も中長期在留者には当たりません。
- （1）「3 か月」以下の在留期間が決定された人
- （2）「短期滞在」の在留資格が決定された人
- （3）「外交」又は「公用」の在留資格が決定された人
- （4）（1）から（3）までに準ずるものとして法務省令で定める人（「特定活動」の在留資格が決定された台湾日本関係協会の本邦の事務所若しくは駐日パレスチナ総代表部の職員又はその家族の方）
- （5）特別永住者
- （6）在留資格を有しない人

出典：https://www.moj.go.jp/isa/publications/press/13_00036.html

キャリアの授業を担当した際に留学生に向けて行った授業と、その授業で盛り込みたかった内容、そして、この数年で激変した社会に対応するためのヒントをまとめています。皆さんが、この本によって日本のビジネスマナーを習得し、就職活動のためにお役に立てればうれしいです。

　今回の拙著の出版にあたり、大先輩の方々に自らのビジネス経験からたくさんのアドバイスをいただいております。

　　　　押木洋道　様（元 株式会社日立製作所 コンピュータ事業部 部長）
　　　　石塚盛一　様（元 イオンアイビス株式会社 業務受託センター センター長）
　　　　石塚勝敏　様（株式会社カットシステム 代表取締役）

　お三方には、お忙しい中、校閲のご協力をいただきまして心より感謝申し上げます。私自身も今回の出版にあたり改めてたくさんのことを学ばせていただきました。この場をお借りしまして、感謝の意を示したいと思います。このような機会をいただきまして誠にありがとうございました。

目 次

第1章

ビジネスマナー

1 ## ビジネスマナーの必要性

　これから学ぶ日本のビジネスマナーのルーツは諸説がありますが庶民レベルでは、江戸時代にさかのぼり、武士の礼法にあるといわれています。武士が刀を持ち戦うときに、礼をしてから戦いを始めます。現在でも剣道や柔道では礼に始まり、礼に終わるのがルールになっています。相手との距離感、あいさつなどは、今でもビジネスマナーに影響しています。日本独特のものであると感じるのは、昔からの礼儀が基本になっているからです。

距離感

皆さんの生活の中には、様々な場面でマナーがあります。食事のマナー、ドレスコード、乗り物の中でのマナーなどがあげられます。一般的なマナーと同じように、ビジネスマナーは、社会人として仕事をするときに必要なマナーのことを言います。仕事をする空間で、仕事を一緒にする人たちに対して、相手を思いやる気持ち、ルール、考え方、ことばづかい、立ち居振る舞い[2]などを総称してビジネスマナーといいます。ビジネスマナーは仕事に関わるすべてのひとが気持ちよく仕事をするために大切です。ビジネスマナーを学ぶことで、仕事でかかわる人との良好なコミュニケーションをとることができます。

　ビジネスマナーにとって大切なことは、相手の立場に立って考えるということです。ビジネスマナーとして学ぶことはたくさんありますが、すべて、1つのことを大切にすることで、身につけることができます。それは、相手に対する配慮です。
　配慮とは、相手に対する気遣い、相手に対する心配りです。皆さんはお友達や好きな人との付き合いの中で、相手を傷つけるような言葉をなげかけることや暴力的な態度をいきなりとるようなことをしないと思います。相手がされたら嫌な気持ちになるようなことをしないということです。マナーは、人間関係の中では双方に必要なことなのです。しかし、残念なことに、人の価値観、考え方はそれぞれ違うの

※2　立ち居振る舞い：人と接する時の身のこなし、動作、態度、仕草のこと。

で、必ずしもうまくコミュニケーションが取れないこともあることを同時に知っておくことも必要です。それでは、さっそくビジネスマナーを学んでいきましょう。

2　敬語（ていねいな言葉づかい）

日本語には複数の敬語（ていねいな言葉）があり、ビジネス環境ではこれらを正しく使うことが求められます。基本的な敬語だけでなく、謙譲語や尊敬語の使い分けを理解し、それらのていねいな言葉づかいを場所や相手、また、普段の会話、メールなどそれぞれの場面に合わせて適切に使用できるようになることが必要です。相手に配慮した言葉づかいについて学びましょう。

敬語は、3種類に分けることができます。

● **尊敬語**：尊敬語は、相手に敬意を表する言葉です。相手をうやまう時に使います。尊敬する気持ちを持ち使う言葉です。相手が上であるという考え方です。

● **謙譲語**：謙譲語は、尊敬語とは逆で、自分がへりくだる※3時に使います。

● **丁寧語**：丁寧語は、言葉の通りで言い方をていねいに表現する言葉です。語尾が「です」「ます」「ございます」という言い方や、言葉の先頭に「お」「ご」をつけてていねいな言い方をします。

相手

自分

相手を上に見る

相手

自分

自分が1段下がり、へりくだる

※3　へりくだる：相手をうやまって、自分を控えめにすること。

主な動詞の敬語

動詞	尊敬語	謙譲語	丁寧語
言う（話す）	おっしゃる	申し上げる 申す	言います 話します
見る	ご覧になる	拝見する	見ます
聞く	お聞きになる	うかがう 拝聴する	聞きます
行く	いらっしゃる	うかがう	行きます
来る	いらっしゃる お見えになる	参る	来ます
居る	いらっしゃる	おる	います
帰る	お帰りになる	失礼する	帰ります
会う	お会いになる	お目にかかる	会います
知っている	ご存知である	存じている 存じ上げる	知っています
する	なさる される	いたす	します
読む	お読みになる	拝読する	読みます

　敬語を使う時にはいくつかの注意点があります。

　丁寧語として、「お」や「ご」を付ける場合、すべての言葉に付けることがていねいとは限りません。「お」や「ご」をどんな言葉にもつければよいということではありません。例のようにつけるとおかしな日本語にあたる場合があることも覚えておきましょう。

　例）おビール、おパソコン、おゴミ、など

時と場合を考えて、適切に使うことが大切です。

主な名詞の敬語

名詞	尊敬	謙譲語
わたし（1人称）	—	わたくし、てまえ、小生
あなた	あなたさま	
会社	貴社、御社	当社、弊社、小社
気持ち	ご厚情をたまわり ご高配をたまわり	微志を表す 薄志（わずかな謝礼）

　代表的な敬語の他にもいくつか大切な表現があります。ビジネスの場にふさわしい言葉づかいについての注意点を説明します。

(1) 職場での言葉づかい（話すときにつかう言葉）

● 上司への言葉づかい

　敬語をつかいます。上司の立場を尊重し、敬意をはらう

● 先輩への言葉づかい

　目上の人に対する敬意をはらい、ていねいな言葉を使います。敬語や謙譲語などの言葉をつかう必要はありません。

● 同僚への言葉づかい

　学生時代の同級生や友達との普段の会話のような言葉づかいではなく、社会人として職場で使うのにふさわしい言葉づかいをこころがけます。

● 社外の方への言葉づかい

　お客様に接するときの言葉づかいは、特にていねいな言葉づかいが大切です。皆さんは会社の「顔」としてお客様とお話をするので、お客様に不快な印象を与えないようにすることが大切です。尊敬語や謙譲語をしっかりと使うことが重要になります。

言葉づかいは大切ですが、話すときの表情や態度も大切です。礼儀正しい態度をとることはもちろんのこと、気持ちが表情にでるので、誠意のある態度でお話をすることが必要になります。ていねいすぎる言葉や、必要以上の敬語を使うことは、かえって失礼に当たる場合もありますので気を付けましょう。

(2) 社内と社外での自分と相手の関係

自社内にいる時の会話では、役職名（部長、課長、係長など）、または、○○さんという敬称をつけますが、社外の人との会話に自社の人を登場させるときは、敬称を付けずに、苗字のみ（呼び捨て）を言います。社外の人に話すときには、お客様を敬うので、社内の人を下げて、敬称を使わずに名前のみを言います。苗字のみではなく役職をつける場合は、「課長の藤井」というように役職を前につけるという言い方もあります。

社内にいる時の対応	社外の人への対応
藤井課長	藤井（敬称や役職をつけない）
例）藤井課長あてにお電話がありました。	例）藤井は、外出しております。

3 来客の対応とお客様先への訪問の基本的マナー

(1) 来客の対応

● **受付の時**：「いらっしゃいませ」「お待ちしておりました」という言葉と笑顔でお客様をお迎えします。その時に、会社名とお名前も確認します。

● 応接室や会議室にお通しする。応接室までの移動は、お客様の先に立って歩きますが、お客様の歩く速さに合わせて、3歩前ぐらいの位置を保つように歩きます。

● **エレベータを使う場合**：エレベータに乗る場合、自分が先に乗り込み「開」の
ボタンを押しながら、お辞儀をしたまま、お客様が乗るのを待ちます。

● 降りる時には、「開」ボタンを押しながら、お客様を先に降りていただきます。

● エレベータの中での立ち位置について

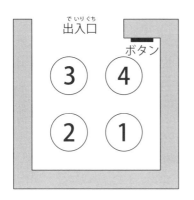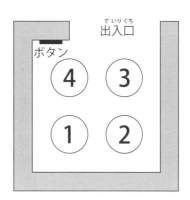

①〜④は、偉い順の番号です。エレベータの中での一番上座は、①の位置に
なります。自分が一番下の場合は、④の位置に立ち、操作盤のところで、階
数ボタンや、開閉ボタンの操作を行います。

● 応接室、会議室への案内について

応接室や会議室は、上座と下座が決まっています。どちらの部屋も入口のド
アに一番近いところが下座で、反対に入口から一番遠いところが上座となり
ます。

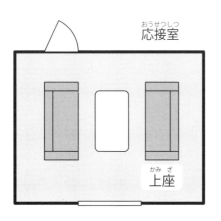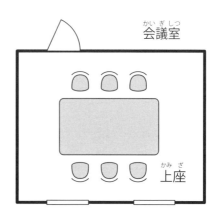

● 応接室、会議室のドアの開け方について

内開きのドアの場合は、自分が先に室内に入り、ドアを抑えたままお客様を招き入れます。

外開きの場合は、手前にドアを引いてお客様に先に入室していただきます。

● お客様を招き入れた後に「おかけになってお待ちください」と一言かけます。

(2) お客様先への訪問

● お客様先への訪問については必ず前もってアポイントを取ってから行きます。お客様先の会社の受付には、お約束の時間の5分前ぐらいに着くようにいきます。あまりにも早く到着してしまった時には、すこし時間調整をしてから伺います。

● 夏場は、移動中に汗をかくこともあります。少し早めに到着したら、汗を拭き、身だしなみに乱れがないか確認してから受付に向かいます。また、冬場は、お客様先のビルに入るところでコートを脱ぎコートは軽くたたみ、腕にかけ持っていきます。

● お客様先に伺う際に、遅刻は厳禁です。しかし、交通機関のトラブルなどやむをえない事情で遅れる可能性があれば、すぐに先方に遅れる理由と、どのくらいの時間遅れるかということを連絡して了解をもらいます。

● お客様先への訪問日の直前にキャンセルをするのはできるだけ避けるようにしましょう。お客様からの心象もよくありません。やむをえない事情でスケジュールの調整が必要になった場合は、なるべく早めに先方に連絡を入れ、了承をもらうようにしましょう。

● お客様先への訪問は、お客様がわざわざ自分のためにお時間を作ってくださっていることを意識して、用件を迅速に済ませることが大切です。誠実な態度でのぞむようにしましょう。

4 名刺交換

　　日本のビジネスシーンでは名刺交換が非常に重要です。初めてお会いする方との
ご挨拶の時に、お互いの名刺を交換します。順番としては、名刺を交換して、挨拶
をし、商談（打合せ）に入ります。海外の場合は名刺交換の意味合いが違います。
まず挨拶と握手をし、商談に入ります。日本のマナーのようにいきなり名刺交換を
すると、「売り込み優先」という感じに捉えられ良い印象を与えないことがあります。
日本と海外では、名刺交換のマナーに大きな違いがあることも知っておくと良いで
しょう。日本のビジネスシーンでの名刺交換では、名刺を受け取る際は両手で受け
取り、相手の名前をしっかりと読みます。お名前の読み方を確認し、読み方が分か
らないなどの時は、交換したタイミングで「○○様とお読みすればよろしいでしょ
うか」または、「失礼ですが、お名前は、なんとお読みしたらよろしいでしょうか」
と確認すると良いでしょう。名刺は、すぐに名刺ケースにしまわずに打合せ中は、
テーブル（机）の上に並べておきます。その際に、座っている席順に名刺を並べて
おくと、初めてのお客様の名前と顔を覚えることができます。名刺は、その方の顔
だと思ってください。名刺ケースにきちんとしまわずにメモやノートパソコンの間
に挟める、また、ポケットにそのまましまうことをしないように大事に扱わなけれ
ばいけません。いただいた名刺は、日付順に整理をしておきます。名刺に日付やそ
の日の印象などをメモしておくと思い出すさいに役に立ちます。ただし、お客様の
目の前で名刺に日付やメモを記入することは失礼にあたります。名刺を頂いたその
日のうちに整理しておくと良いでしょう。最近では、名刺の管理がアプリでできる
ようになり、会社によっては、登録をするということがあるかもしれません。それ
ぞれの会社のルールに従って管理するようにします。また、名刺は個人情報のため
自分の名刺も、お客様の名刺もきちんと管理をしなければいけません。

　もうひとつ大切なことに名刺交換の順番があります。名刺交換の際は、上司から名刺を交換するのがマナーです。相手方も上役のかたから名刺を交換していきます。また、訪問した側が先に挨拶、名刺を差し出すようにします。

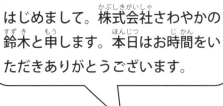

はじめまして。株式会社さわやかの鈴木と申します。本日はお時間をいただきありがとうございます。

はじめまして。鈴木様ですね。ハル株式会社の山田と申します。よろしくお願いいたします。

訪問した側　　　　　訪問を受けた側

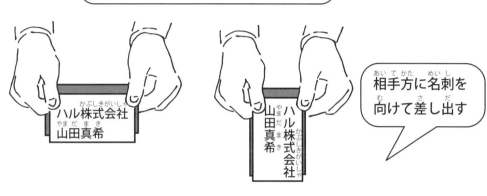

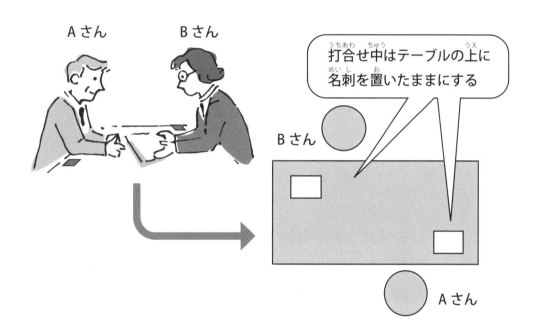

　名刺交換をする時に、相手が読める向きにして、名刺入れに乗せて差し出します。また、相手の差し出す名刺の少し下方に出すこともマナーとされています。しかし、お互いに下に下にと意識してしまうとかえって名刺が交換しづらくなるため、気持ちは下方に出すということで大丈夫です。日本には縦書きの名刺を使う会社があります。その際にも名刺の出し方は、横型の名刺と同じです。名刺を差し出すときには、名刺入れも縦向きにして名刺を乗せて差し出します。縦型の名刺を相

手から受け取る際にも名刺入れを縦向きにして受け取ります。また、日本では、裏面が英語版の名刺である会社もあります。皆さんは、英語表記の方が使いやすいようであれば、英語表記の方を使うのも良いでしょう。

　名刺を切らしていたら、「あいにく、名刺を切らしておりまして」とお詫びをします。相手の名刺はいただきます。次の機会があればその時に改めて忘れずに名刺を渡すようにしましょう。

5 時間をまもる

　日本でのビジネスマナーにおいて、「時間を守る」ことは非常に重要です。日本では時間厳守が基本的なルールとされており、時間を守ることは社会人としての信用にかかわります。社内からも社外からも信用されるためには、時間を守ることは必須です。納期、アポイントの時間などに遅れる人は、評価されないばかりかその後の仕事でも信用されません。ここでは、いくつかのビジネスシーンに分けて、時間の大切さを考えていきます。

● **アポイントメントや会議の時間に遅れない**：日本では、約束した時間に遅れることは、相手に対する敬意がない、仕事に対する真剣さがないと見なされがちです。遅れそうな場合は、必ず事前に訪問先の方に「遅れて申し訳ございません。」と連絡を入れ、遅れる理由と到着予定時刻を伝え、訪問先のお客様の理解を得ましょう。

● **早めに到着することを心がける**：実際には、約束の時間の5〜10分前には到着するようにするのが望ましいです。移動中に電車の遅れや道に迷うなどのトラブルが起こることも考えられるため、早めに行動することが大切です。訪問先に早く到着することにより、打ち合わせの前に自分自身を落ち着かせ、身だしなみを整えるなど準備する時間が確保できます。

● **スケジュール管理の徹底**：自分の時間だけでなく、プロジェクトのスケジュール管理も重要です。仕事を終わらせるための期限を「納期」といい、日本のビジネス環境では、スケジュールに従って物事が進行することを最も重要とされています。一部の作業の遅れが、プロジェクト全体の作業の遅れにつながることがあるので納期を守ることは、最優先に考えるべきこととされています。

● **時間管理に関する考え方**：日本のビジネス界では、「時は金なり」という考えが重視されていて、ビジネスに関わる全ての関係者の時間を有効に活用することが大切であるとされています。取引先の企業に迷惑をかけないために納期を厳守するということが大切であると言われています。納期に遅れるということは、お客様から延滞損害金を請求されることもあり、自社に損害を与えることにつながります。

　時間を守ることで、日本の職場での信頼を築くことができますし、スムーズに仕事を進めることにも役立ちます。もし、アポイントメントや納期が迫っている時に、自分の責任ではない不可抗力で遅れそうな場合は、できるだけ早く先方に遅れる理由とどの位遅れるのかなどを連絡し、その後の対応を相談するようにしましょう。時間を守ることは、単にマナーとして重要なだけでなく、ビジネスを通じて社内外の関係者との良好な関係を築くための基礎となります。

6 服装と外見（身だしなみ）

　ビジネスシーンにおいて、適切な身だしなみや服装は重要です。普段の生活でも服装は、TPO を考えて選ぶのではないかと思います。ビジネスの時にも同じように適切な服装があります。ここでは、ビジネスマナーとしての服装について学びましょう。

ダーク系の色のスーツ

さっぱりとした髪型、前髪が長すぎると暗く見える

さっぱりとした髪型、長髪の場合はまとめる

白いワイシャツ、ネクタイ、インナーは白（色が透けないように）

シンプルなデザインの白いブラウス

つめの手入れ

スカート丈に注意

黒の革靴、黒の靴下

低めのハイヒール、肌色のストッキング

（1）服装の基本

● **スーツ**：男性はダークカラーのスーツ（黒、紺、グレー）を基本とし、ワイシャツは、白または薄い色を着用するのが望ましいです。ネクタイは必須で、派手すぎないものを選びましょう。ワイシャツの中のインナーは、白色のもの

を選びます。ワイシャツに下の色が透けてしまうので、色物のTシャツなどは好ましくありません。女性も同様にダークカラーのスーツが基本で、ブラウスは控えめな色とデザインを選ぶのが望ましいです。また、椅子に座ったときには少しスカートがあがってしまうので、スカートの丈には気を付けましょう。膝が隠れる程度が望ましいでしょう。

● **靴と靴下**：男性は、黒またはダーク系の色の革靴が望ましいです。ひも靴でももんだいはありません。また、靴下は、スーツに合わせてダークカラーの靴下を選びます。椅子に座った時にズボンが少し上がるので、くるぶしのあたりは、周りの方から見えてしまいます。派手な色の靴下やくるぶし自体が見えるアンクルショートソックスやスニーカーソックスは良くありません。女性は、少しヒールのある革靴を選ぶのが好ましいです。色は、黒またはダーク系の色を選びます。肌色のストッキングを着用します。ストッキングは、伝線しやすいので、替えのものを持参しておくと安心です。また寒い時には、パンツスーツにするなどの方法を考えましょう。

(2) 髪型と装飾品

● **髪の毛**：清潔感があり、整えられた髪型を心がけてください。男性は短めの髪型が一般的ですが、長髪の場合はきちんとまとめる必要があります。前髪などで目が隠れていると印象が暗くなってしまうことがありますので気を付けましょう。女性は派手なヘアスタイルやアクセサリーは避け、髪をまとめるなどして、シンプルなスタイルにすることが推奨されます。キチンと髪を整えていない、手入れしていないなどのことは、周りの方にも不快な印象を与えてしまいます。

● **爪の手入れ**：手の先は、面と向かって打ち合わせをするときや、パソコンのキーボードに乗せた時に相手の目に触れることの多い部分です。爪を伸ばしていたり、爪が汚れていたりすると相手に不快な思いをさせます。また、健

康面ぐも良くないので定期的な手入れをするようにしましょう。また、女性は、華美なネイルなどは好ましくありません。

- **メイクとアクセサリー**：女性の場合、ナチュラルなメイクが好まれます。派手な色や過度なメイクは避けます。アクセサリーも最小限にし、大きなピアスや派手なネックレスは控えるのが望ましいです。メイクの際には、香りに対しても気を付けます。あまり強い香りがするものは、周りの方の好みもあるので、気を付けます。

　清潔感があるかないかは、髪型だけではなく、髪を洗わずにフケなどが出てしまうとそのフケがスーツについて、不潔に見えます。また食事の際についたシミなどをそのままにしておくのもよくありません。アポイントなどの予定がある時には、食事の際にシミがつかないように気を付けるなど注意しましょう。ワイシャツのエリや袖口の部分に汚れがたまると黄ばんだ色になり不潔に見えます。また、爪を伸ばしている、爪の間が汚れていると不潔に見えますので、自分の身だしなみについては、常に整えておくように心がけると良いでしょう。

(3) シーズンに合わせた服装

- **夏場**：夏場は蒸し暑くなることが多いので、通気性の良い素材を選びましょう。クールビズという軽装のビジネススタイルが一般的に受け入れられている場合がありますが、初対面やフォーマルな場では通常のスーツが良いでしょう。
- **冬場**：寒冷な冬場は、コートやスカーフを使用しても構いませんが、オフィス内では脱ぐまたは外すのが一般的です。

（4）その他の注意点

- **香水やコロン**：使用する場合は非常に控えめに。強い香りはビジネス環境では好ましくないとされます。

- **バッグなどの持ち物**：一般的には、黒などのビジネス用のバッグを使います。カジュアルなリュックサックは避けましょう。女性も、派手な色使いや、大きさ（大きすぎる、または小さすぎる）などにも注意しましょう。

　これらのポイントを押さえることで、日本のビジネスシーンにおいて適切な印象を与えることができます。身だしなみは、清潔であることが一番大切です。そして、身だしなみは、その人の普段の生活や人間性、仕事に対する考え方などを知るために、周りから見てすぐ分かるポイントです。普段から自分の身だしなみや行動に興味を持ち、常に清潔感を意識することが大切です。

7　会議（うちあわせ）

（1）社内の会議

　社内会議におけるマナーには、特に意識すべきポイントがいくつかあります。社内での円滑なコミュニケーションを保つため、以下のガイドラインに従って行動することが大切です。

- **事前準備を徹底する**：会議の目的やアジェンダは事前に確認し、必要な資料やデータは前もって準備しておくことが重要です。自分が発表者の場合は、内容を練習し、質疑応答にも備えておきましょう。

- **正しい時間に到着する**：会議の開始時間前には会場に到着しておくことが望ましいです。通常、少なくとも5分前には入室して、落ち着いて準備ができる状態にしておくことをお勧めします。

● **適切な座席選び**：社内の会議では、階層や資格、役職に応じて座る位置が異なることがあります。上司や先輩が先に座るのを待ち、適切な席に着くことが礼儀です。

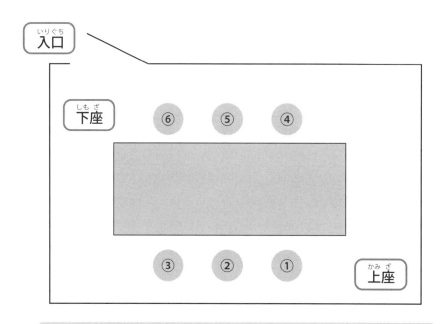

①～⑥の順に、上位の方から着席します。また、社外の方との会議の場合（例えば、先方が営業上の提案目的の場合など）は、①～③が社外の方、④～⑥が社内の人が着席します。

● **積極的な参加**：会議ではただ聞いているだけでなく、積極的に参加することが求められます。質問や意見を適切に、そして敬語を使って表現しましょう。ただし、発言の際には場の空気を読み、他の人の意見も尊重するよう心掛けてください。

● **メモを取る**：会議中の重要なポイントや後で行動する必要がある事項をメモとして残しておくことが役立ちます。これにより、会議後のフォローアップがスムーズになります。

- **携帯電話はマナーモードに**：会議中は携帯電話をマナーモードに設定し、なるべく使用を控えるようにします。緊急の場合を除いて、会議が終わるまで電話を見るのは避けましょう。
- **会議後のフォローアップ**：会議で決定された事項や、自分に割り当てられたタスクについて、適切にフォローアップすることが大切です。あらかじめ議事録を作る担当者を決めて議事録作成をします。議事録にまとめた会議の内容をメールで共有したり、次のステップのための計画を立てることが含まれます。

これらのマナーを守ることで、社内会議がより効果的で生産的なものになりますし、同僚や上司からの信頼も得やすくなります。プロフェッショナルな態度を持つことは、職場での成功に繋がる重要な要素です。

(2) 社外の人との会議

- **第一印象を大切にする**：挨拶と入室時のマナーをしっかり守りましょう。客先の会社に伺うときには、会社に入る前にコートを脱ぎます。清潔感のある適切な服装を選び、身だしなみを整えてください。また、挨拶は明るくはっきりと行い、初めてお会いする方とは、名刺交換をします。
- **正確な時間管理**：会議の開始時間に遅れないようにします。可能であれば、開始時刻の5〜10分前には会場に到着しておくことを心がけます。遅れる場合は、必ず事前に連絡を入れることがマナーです。
- **名刺交換の作法を守る**：日本では名刺交換に特定のエチケットがあります。名刺は両手で渡し、受け取る際も同様に両手で受け取ります。名刺を受け取ったら、相手の名刺を一読し、テーブルの上に出しておきます。会議中は、机の上に出して置き、会議終了後に適切に名刺入れに保管します。
- **アジェンダの事前共有**：会議の目的やアジェンダは事前に相手と共有してお

くことが好ましいです。アジェンダとは、会議でどのようなことを話し合うのかをまとめたもので、これにより、会議がスムーズに進行し、双方が議論に必要な準備を整えることができます。

● **聞き手としての態度を忘れずに**：相手が話している間は、適切にリアクションを取りながら聞くことが重要です。つまり、聞く姿勢をもって話を聞いていくということです。相手の話を遮ることなく、尊重して聞きましょう。また自分から質問や発言する際には、適切なタイミングで他の人の話を遮ることなく礼儀正しく意見を述べます。

● **感謝の意を示す**：会議の開始時と終了時には、参加者に感謝の意を表します。特に会議が終わった際には、時間を割いてくれたことに対してお礼を言うことも大切です。

● **フォローアップ**：会議後は、約束された行動や次のステップについて、早々にフォローアップすることが重要です。フォローアップの最優先行動は、議事録をまとめ、お客様とできるだけ早く共有することです。これは信頼関係を構築し、また次の会議を効率的に進めることができます。会議の時に、次の会議までに約束をしたが課題がある場合は、会議終了後、やるべく早く課題を片付けるようにします。次回の会議のぎりぎりまでのばしてしまうと、どのような背景でその課題があるのかなど、忘れてしまうこともあるため、すぐに対応をすることが良いでしょう。

● **その他（飲み物などを出す場合）**：他社との会議の際に、ペットボトルの飲み物や、コーヒー、お茶などを出す場合があります。ペットボトルの飲み物であれば、お客様の入室前の会議準備の際にペットボトルを各席においておく場合があります。また、あたたかい飲み物、冷たい飲み物などを気にする際には、会議が始まる直前に飲み物を各席にお出しします。お出しする順番は、お客様の上位の方からお出しします。また社内のメンバーも上位の人から出していきます。お出しする際に「失礼します。どうぞ」と一言添えて飲み物をお出しするとていねいです。

　会議のマナーはその会社独自の約束事や、アジェンダ、議事録の書き方などのルールなどがあるため、その際は、会社のルールを守ることを優先します。会社の顔で参加する社外の人との会議は、ビジネスを成功に導くための機会でありビジネスを広げることにもつながるため、会社の一員としての大きな仕事であることを意識しましょう。

（3）オンライン会議

● **オンライン会議の時に気を付けるべき点**：コロナ禍以降、オンライン会議が普及する現代のビジネスシーンでは、対面会議とは異なるマナーやエチケットが求められます。日本のビジネスマナーを踏まえたオンライン会議の際に気を付けるべきポイントを学びましょう。

● **事前準備**：会議のプラットフォームやツールの使い方を事前に確認し、必要なアプリケーションのインストールや設定を済ませておきます。会議資料は事前に参加者に送付し、アジェンダ（議題）を共有しておきます。代表的なオンライン会議のためのアプリケーションには、Zoom や Teams、Web EX、Google Meet などがあげられます。

お客様により、使うツールが違うので、事前の確認が必要です。社内の場合には、統一されたツールを使っている場合が多いですが、お客様との会議では事前に、お客様にツールの種類などを確認しておく気遣いも必要です。オンラインで行う会議は、対面の会議とは違う点もありますので、様々なことに注意します。

- ・会議日程の調整および、会議ツールの確認・決定
- ・会議の設定
- ・会議予約用 URL や PW などを会議参加者に連絡
- ・会議資料、アジェンダがあれば、あらかじめ送付

● **環境設定**：在宅勤務などの場合は、静かでプライベートな空間を選び、背景に不適切なものが映り込まないようにします。また社内メンバー同士が会議室などで集まって相手先とオンライン会議を行う際には、時間に余裕をもって、オーディオ類（マイクや、モニタ、カメラ）などの設定をしっかりと準備します。また、照明を確保して、カメラが顔をはっきりと捉えるようにします。在宅勤務などの場合にも同じく、オーディオ類の設定、テストをあらかじめ行い、問題がないことを確認しておきます。会議が始まってからのトラブルは、会議の開始時間が遅れてしまうなど、迷惑をかけてしまうため気を付けましょう。

● **適切な服装**：カジュアル過ぎない、清潔感のあるビジネスカジュアルな服装を心がけます。在宅勤務などの場合、カメラに映らなければ良いということで、下半身は普段着やパジャマなどを着ているということも望ましくありません。万が一に備えて全身適切な服装をすることが望ましいです。

● **会議中の音**：会議中はマイクをミュートに設定し、発言する際にのみミュートを解除します。これは、特に、在宅や、会社の自席で会議を行う際、周りの声が会議の席に聞こえてしまうことを防ぐためです。イヤホン、ヘッドホンなどをしていてもマイクが音を拾ってしまうと、会議に関係のない会話などがオンライン会議参加者に聞こえてしまうため、迷惑になります。ミュー

トなどを使うことも大事ですが、会議の際には、在宅している家族にも会議をする旨を伝え、静かに過ごしてもらうように協力を仰ぎましょう。

● **時間管理**：開始時間の5分前にはログインし、準備が整っていることを確認します。特に、オンライン会議の際に会議の主催者になっている場合は、早めにアプリケーションを起動して、会議室（ミーティング）を開けておきましょう。会議の時間は、開始と終了の時間を厳守し、余計な話題で時間をとらないように努めます。最近のビジネスシーンでは、オンライン会議が通常となっており、会議室移動などがない分、次の会議までの時間に余裕が少ない場合もあり、会議の時間を守らないと、次の会議への遅刻もあり得ます。そのため、会議に関する時間管理は、対面の会議の時よりもさらに注意が必要です。

● **発言時の注意**：発言する際には、手を挙げる機能を使うか、「失礼します」「質問よろしいでしょうか」と一言断って、了承を得てから話し始めます。発言や質問のタイミングについては、人の発言のさまたげにならないことが前提となります。簡潔に分かりやすく、要点を絞って話をしていくことで、スムーズなコミュニケーションが図れます。また、会話の中では、敬語を適切に使用することでより印象の良い会話ができます。

● **会議後のフォローアップ**：会議の議事録を作成し、参加者に共有することで、内容の確認と次のアクションプランの進行を促します。議事録は誰が取るのかについては、事前に確認しておくようにしましょう。使用するアプリケーションによっては、録画をする機能があります。大切な会議の場合には、その後の正確な議事録作成のために、録画をしておくことも可能です。しかし、録画をする際には、必ず会議出席者からの承諾をとっておきます。会議の主催者になった場合には、会議の冒頭で確認しておきましょう。議事録は、会議終了後なるべく早めに会議参加者にルールがあればルールに従い送るようにしましょう。メールなどで送る場合には、会議に参加していただいた感謝の気持ちを伝えるなどの気遣いも必要です。これらのマナーを守ることで、オンラインでも効果的かつ効率的な会議を行うことができ、相手に対しても

誠実な印象を与えることができます。オンラインの場でも礼儀正しく振る舞うことが、信頼関係の構築につながります。

(4) アジェンダ（Agenda）の書き方

会議のタイトル　○○の会議

日付、時間、開催場所、会議参加予定者、アジェンダ製作者など

○○会議のアジェンダ

日付:	2024/05/15
時間:	12:00
開催場所:	東京都新宿区百人町 4-9-7 8F
制作者:	佐藤 一郎

アジェンダ詳細:
- I.　イベント趣旨について
  - a. ......
    - ....
  - b. ......

- II.　開催場所について
  - a. ......
    - ....
  - b. ......
  - c. ......

- III.　開催時期について
  - ....
  - ....
  - ....

- IV.　イベント呼び込み層
  - a. ......
  - b. ......
    - ....

この会議で話し合う内容を箇条書きにしておく。
アイディアや意見が出ていることに関しては、予め記載しておく

　アジェンダは、対面、オンライン、社内、社外などの会議で活用され、会議を予定通り進めるためのスケジュールをあらかじめ決めておくという意味合いもあります。具体的には、会議名、会議の期日、参加予定者、議題、議事進行の順番、それぞれにかかる時間などを書いたものです。会議の目標をしっかり把握し、どのようなことを決めるためにどのように進行していくのかをあらかじめ明確に示しておくことで、会議を予定通りに進めることができるという効果が期待できます。

(5) 議事録の書き方

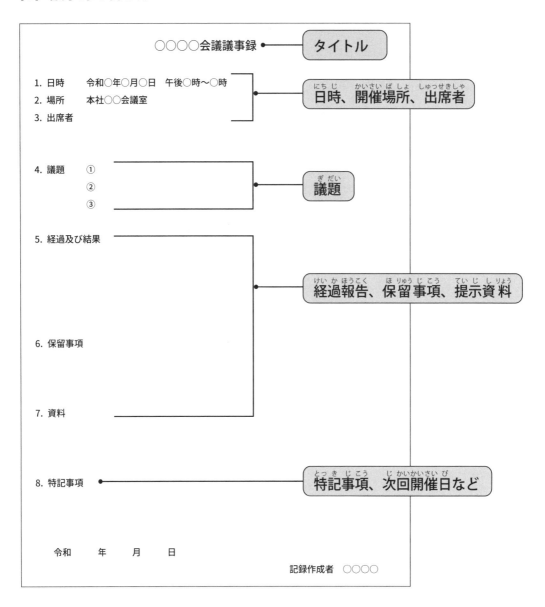

　議事録は、会議や打ち合わせの内容や、その会議に決まったこと、次の会議まで
にやるべきこと、担当者などについて情報共有をはかるために作成します。議事
録には、会議の議題、開催日時、参加者（欠席者）、決定事項、決定事項に至った
経緯、アクション（決定事項に基づきやるべきこと）、次回の開催予定などを書く。
読みやすい文章を書き、内容を簡潔にまとめて書くことが大切です。また議事録を

とるためにあらかじめ録音や録画をすることで議事録作成の際に不明な点が出た際に確認できます。オンライン会議の時も同様に、録画機能などを使うと便利です。しかし、録音や録画をする際には、必ず参加者に確認を取るようにします。そして、録音、録画のデータの取扱いには十分に注意し、外部に流出しないようにしなければいけません。

8 社内のコミュニケーション

　同僚や上司とのコミュニケーション：日本のビジネスマナーでは、上司とのコミュニケーションに特有の慣習や礼儀があります。これらを理解し、適切に行動することで、スムーズな職場の人間関係を築くことができます。上司とのコミュニケーションをとる際に重要なポイントを学んでいきましょう。

(1) 敬語の使用

　上司に対して敬語を使うことは基本です。相手と場所によって尊敬語や謙譲語を適切に使い分けることが求められます。これにより、相手に敬意を表し、誠実な対応を示すことができます。

(2) 適切なタイミングでの報告、連絡、相談（報・連・相）

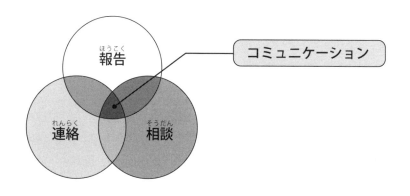

　報告・連絡・相談は、日本のビジネスマナーにおいて非常に重要なコンセプトです。これらは情報の共有やコミュニケーションの効率化を通じて業務の遂行やさまざまな問題解決に役立ちます。

- **報告**：報告は、自分の仕事の進行状況や成果、問題点などを上司や関係する同僚に伝えることを意味します。会社によって方法はいろいろありますが、日報（日次報告）、週報（週次報告）、月報（月次報告）などの定期的な報告書を書くこともあります。報告は、進行中のプロジェクトやタスクについて責任者やチームが最新の情報を持つことを目的としています。報告は、定期的かつ適切なタイミングで素早く行われるべきで、必要に応じて詳細なデータや分析、状況などの情報を提供することが必要です。

- **連絡**：連絡は、日常的な情報の交換や、特定のイベントや変更、指示などを周知させる行為です。例えば、会議のスケジュール変更、重要な顧客からのフィードバック、その他の緊急の更新が含まれます。効果的な連絡は、関連するすべての人々が同じ情報を共有し、迅速な対応を促進し誤解が生じるのを防ぐために必要です。

- **相談**：相談は、問題が生じた際や重要な決定をする前に、できるだけ早く上司や専門家、同僚からアドバイスや意見を求めることです。より多角的な視点を得ることができ、課題の深刻化の回避、問題解決に対するアプローチが改善されることが期待できます。また、相談はチーム内の協力と信頼関係を築くのにも寄与します。

　これら三つの要素は、チームワークを促進し、効率的で有効なワークフローを維持するために、相互に補完しあうものです。日本の企業文化では、これらの慣習が組織内の秩序や協調を保つために特に重視されています。上司には適切なタイミングで重要な情報を報告し、必要な連絡を行い、問題があれば相談をすることが重要です。これにより、信頼関係を築きやすくなります。

(3) 正式な場では慎重に発言する

　普段仲の良い上司や同僚であってもフォーマルな場での発言には気を付けます。例えば、上司の発言が間違っているなどのことがあった場合でもむやみに「それは違います！」というような否定の言葉をいきなり発言するのではなく、場を改めて後から確認をするようにするようにします。特にお客様の前などでは、上司に向かっての態度や行動に関して、否定的な見方をされてしまうことがありますので気を付けましょう。そのため、会議などの正式な場では、上司がいる場合、自分の意見を述べる前に上司の意向を確認するようにしましょう。また、上司が話している時は、しっかりと話を聞きます。間違いや自分の意見などで不必要に中断しないようにしましょう。

- **身だしなみと振る舞い**：上司との面談や会議では、身だしなみを整え、礼儀正しい振る舞いを心がけます。立ち振る舞いや座り方、目線の使い方、座り方の姿勢にも注意を払います。上司に対しての尊敬を体現します。

(4) 対面時の態度

　上司と直接話す際は、目を見て話すことが大切ですが、じっと見つめ過ぎず、目線を外す際は、ネクタイの結び目あたりに目線を移すと相手から目線が大きく外れていると見られることがありません。相手の話に耳を傾け、適切な時にうなずきながら反応を示すことが望ましいです。

- **感謝の表現を忘れない**：上司や同僚から、何かお世話になったり、物を頂いたり、した場合には、「ありがとうございます」という言葉をその場で伝えます。例えば、上司と一緒に食事に行った際に、ごちそうになったり、自分より少し多くお金を支払ってくれたりすることがあります。その際には、お店を出たらすぐにお礼を伝えることが大切です。感謝の言葉を適切に伝えるこ

とで、良好な関係が築かれます。

● **プライベートな話題の扱い**：日本では、上司との間にある程度の適切な距離を保つことが一般的です。プライベートな話題を持ち出す場合は、相手の反応を見ながら適切な範囲で行うことが大切です。

　これらのポイントを意識することで、上司とのコミュニケーションがよりスムーズになり、職場での立場を強化することができます。また、互いの理解と尊敬に基づいた関係を築くことが可能となります。

9 あいさつ

　ビジネスマナーにおいて、あいさつは非常に重要な役割を果たします。礼儀正しく適切な挨拶を行うことで、相手に対する敬意を示し、信頼関係の基盤を築くことができます。挨拶とお辞儀の仕方について大切なポイントを説明します。

(1) あいさつの基本

● **タイミングと声のトーン**：挨拶は会話の始まりと終わりに必ず行います。声ははっきりとしていて、適切な大きさであることが重要です。明るく、元気な声で挨拶をすることが望ましいです。

(2) 言葉づかい

　場面に応じて、敬語を使うことが基本です。初対面や目上の人には、特にていねいな敬語を使用し、「おはようございます」「こんにちは」「ありがとうございます」「失礼します」といったフレーズが一般的です。

● **語先後礼**：ご挨拶とお辞儀をする際には、初めにお相手の目を見てはっきりとあいさつをし、その後でお辞儀をします。お辞儀とあいさつを同時にしてしまうと顔が下に向いた状態で挨拶をすることになってしまいます。それではしっかりとした挨拶ができません。挨拶は、歩きながら、頭をさげながらなど、「〜ながら」でするのは失礼にあたります。一旦立ち止まり、相手の方に体を向けて挨拶をします。

申し訳ございませんでした

言い終わった後、お辞儀

(3) お辞儀の仕方

　お辞儀は、ビジネスシーンにおいて相手に敬意を示すための重要な動作です。お辞儀の深さと頭を下げている長さは、その場の状況と相手の地位によって異なります。

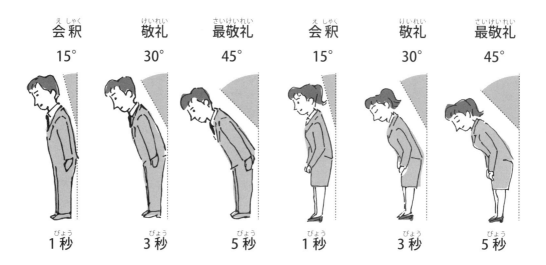

会釈（えしゃく）	敬礼（けいれい）	最敬礼（さいけいれい）	会釈（えしゃく）	敬礼（けいれい）	最敬礼（さいけいれい）
15°	30°	45°	15°	30°	45°
1秒（びょう）	3秒（びょう）	5秒（びょう）	1秒（びょう）	3秒（びょう）	5秒（びょう）

- **会釈（えしゃく）**：約15度（やく ど）の角度（かくど）で頭（あたま）を下（さ）げる軽（かる）いお辞儀（じぎ）です。日常的（にちじょうてき）なビジネスの挨拶（あいさつ）や軽（かる）い感謝（かんしゃ）を示（しめ）す際（さい）に使（つか）います。

- **敬礼（けいれい）**：約30度（やく ど）の角度（かくど）で頭（あたま）を下（さ）げる普段（ふだん）のお辞儀（じぎ）です。公式（こうしき）な場（ば）や初対面（しょたいめん）の挨拶（あい さつ）、謝罪（しゃざい）する際（さい）などに適（てき）しています。

- **最敬礼（さいけいれい）**：約45度以上（やく ど いじょう）の角度（かくど）で頭（あたま）を下（さ）げるていねいなお辞儀（じぎ）です。非常（ひじょう）にフォーマルな場（ば）や、深（ふか）い謝罪（しゃざい）、大（おお）きな感謝（かんしゃ）を示（しめ）す場合（ばあい）に用（もち）いられます。

お辞儀（じぎ）の実施時（じっしじ）の注意点（ちゅういてん）

- **姿勢（しせい）を正（ただ）す**：お辞儀（じぎ）をする際（さい）は、背筋（せすじ）を伸（の）ばし、足（あし）を揃（そろ）えて立（た）ちます。手（て）は体（からだ）の側（そば）に自然（しぜん）に下（お）ろし、腰（こし）を支点（してん）にして曲（ま）げ、顔（かお）を下向（したむ）きにします。女性（じょせい）は、お辞儀（じぎ）をした際（さい）に自然（しぜん）に体（からだ）の前（まえ）に手（て）を移動（いどう）させ、右手（みぎて）の上（うえ）に左手（ひだりて）を重（かさ）ねます。ひじは少（すこ）し曲（ま）げますが適度（てきど）な高（たか）さにすると良（よ）いでしょう。

- **目線（めせん）**：深（ふか）いお辞儀（じぎ）をする際（さい）は、真下（ました）を向（む）くぐらいが一般的（いっぱんてき）です。しかし、軽（かる）いお辞儀（じぎ）の際（さい）は、相手（あいて）の目（め）を見（み）ることができる程度（ていど）に留（とど）めることが礼儀（れいぎ）とされています。

● **お辞儀の速さ**：お辞儀は急がず、自然な動作で行うことが重要です。急いで行うと適当なお辞儀とみられてしまうことがあります。心がこもっていないと思われてしまいます。

これらの挨拶とお辞儀のマナーを遵守することで、日本のビジネス環境において尊敬と信頼を得るための第一歩を踏み出すことができます。相手に好印象を与え、円滑なビジネス関係を構築できるようになります。

10 電話のマナー

日本のビジネスシーンにおける電話のマナーは非常に重要です。以下に、基本的なポイントをまとめて説明します。

(1) 電話の取り方

電話が鳴り始めたら、できるだけ早く（通常 3 コール以内に）応答しましょう。3 コールを超えてしまった場合は、「お待たせしました」と一言そえるとていねいです。人の心理的に 10 秒を超えると待つことにストレスを感じるといわれています。1 コール 3 秒程度なので、3 コールで 9 秒という計算から、3 コール以内にとるのが良いとされています。また、電話をとる際には、電話の接続時にはじめの言葉が聞こえない場合がありますので、「はい、お電話ありがとうございます。株式会社〇〇です」というように、「はい」という一言をはじめにつけます。なお、ビジネスマナーでは、仕事上の電話は「もしもし」とは出ません。会社によっては、電話を出る際のルールを決めているということもありますので、会社のルールはあらかじめ確認しておきます。

①社外（社員Aはあなたに置き換えてくたさい）

社員A： はい、お電話ありがとうございます。株式会社はなの商事です

お客様： お世話になっております。山田物産の山田です。営業の鈴木様はいらっしゃいますか？

社員A： 山田物産の山田様、お世話になっております。鈴木でございますね。確認いたします。少々お待ちください。・・・・・（保留）

（※取次ができる場合は、取り次ぎます。）
（※「外出」「不在」などの場合には、お客様にお伝えします。その際にお客様のご要望をお伺いします。）

社員A： 山田様、大変お待たせいたしました。あいにく鈴木は外出しております。折り返しのご連絡でよろしいでしょうか？お急ぎであれば、代わりにご用件をお伺いします。

お客様： 折り返しご連絡をいただければ大丈夫です。

社員A： ありがとうございます。念のため、ご連絡先をうかがってもよろしいでしょうか？

お客様： 携帯電話に連絡をお願いします。080-0000-1111です。よろしくお願いします。

社員A： はい。080-0000-1111ですね。鈴木に申し伝えます。失礼いたします。

電話を取り次ぐことができない場合は、要件の緊急度合いがポイントになります。代わりに伺うか、携帯電話などに連絡をして、すぐに折り返しの電話をかけてもらうなどの対応を速やかにとるようにしましょう。

②社内（社員Aはあなたに置き換えてください）

鈴木：　お疲れ様です。経理部の鈴木です。山田さんはいらっしゃいますか？

社員A：　お疲れ様です。〇〇です。山田さんですね。少々お待ちください。

　　　　　・・・(保留)

（※取次ができる場合は、そのまま取り次ぎます。離席中・外出などの場合には、その旨をお伝えして、どのように対応を希望するかを伺います。）

(2) 話し方

● **敬語の使用**：常に丁寧語を使い、場合によっては尊敬語や謙譲語も適切に使い分けます。

● **はっきりとした言葉づかい**：はっきりとした声で、ゆっくりと話すことが重要です。特に、名前や数字を伝える際は、誤解を避けるために注意が必要です。

(3) 応対の基本

● **確認事項**：伝える情報は正確に、また、相手の言ったことは確認しながら進めることが大切です。「承知しました」、「かしこまりました」などの言葉を使います。

● **メモを取る**：電話をとる際には、メモは必ず用意しておきましょう。重要な情報はメモを取りながら聞くと良いでしょう。これにより、情報の確認や引き継ぎがスムーズに行えます。メモは、会社名、担当者、折り返しの電話が必要な時には電話番号、また伝言を頼まれた時には、伝言をしっかりと記録するようにし、自分のメモに間違いがないかを相手にも復唱をするなどして確認をします。

【電話応対メモの一例】

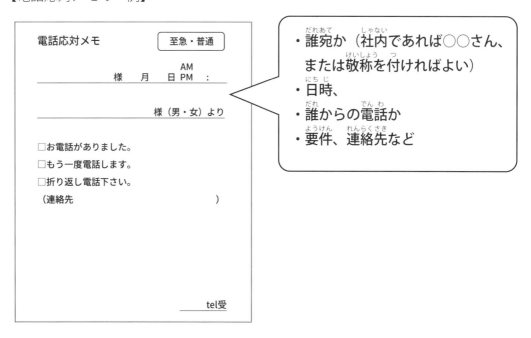

電話応対メモ　　　　　　至急・普通

　　　　　　　　　　　　　　AM
　　　様　月　日　PM　　：

　　　　　　　　　　　様（男・女）より

□お電話がありました。
□もう一度電話します。
□折り返し電話下さい。
（連絡先　　　　　　　　　　　　）

　　　　　　　　　　　　　　tel受

・誰宛か（社内であれば○○さん、
　または敬称を付ければよい）
・日時、
・誰からの電話か
・要件、連絡先など

● **質問**：相手が外出先などの外からの電話の場合は、聞き取りづらいことがあります。その際には、「申し訳ございませんが、少しお電話が聞きとりづらいのですが、もう一度お伺いしてもよろしいでしょうか」と言い、聞き直すようにします。

(4) 電話を終えるとき

　お礼と終話[※4] **の挨拶**：電話を終える際は、「本日はお電話いただきありがとうございました」や「何かございましたら、またご連絡ください」など、礼儀正しい言葉を使って電話を切りましょう。電話は、かけてきた相手の方が切った後に静かに受話器を置くようにしましょう。

※4　終話：電話などの際に会話が終わる時のこと。

(5) 自分から電話をかける

● **社外の人に電話をかける**：自分から、用事がありお客様に電話をかける時には、まず初めに電話を受ける方に、自分の会社名、氏名をはっきりと伝え、用事がある相手の名前を伝え取り次いでいただきます。

相手の会社に電話をかける会話例

お客様：　はい、お電話ありがとうございます。山田商事でございます。

自分：　　株式会社はなの商事の鈴木と申しますが、山田様はいらっしゃいますか？

お客様：　は、お待ちください

・・・・つないでいただく

山田：　　はい山田です

自分：　　株式会社はなの商事の鈴木です。お世話になっております

・・・・・会話を続ける

● **特別な状況（留守番電話にメッセージを残す場合）**：会社に連絡をする時に不在だった場合には、電話の取次ぎをした方に要件を伝えるということができます。最近は、携帯電話に連絡をすることが多いので、留守番電話にメッセージを残す場合について考えます。メッセージを残す場合には、自分の名前と会社名、用件、また折り返しが必要な場合は、自分の連絡先などを伝言に残します。

(6) 携帯電話

仕事上で携帯電話を使う時の注意点

- 私用の携帯電話は仕事中に極力使用しないようにしましょう。
- 仕事用の携帯電話は、充電が切れないように注意する（特に仕事中）。
- 外で会話をする場合は、できるだけ小さな声で話をする、または、人の少ないところに移動して話すようにする。これは、お客様の情報を会話などで漏れ聞こえてしまい機密情報に関わることが他の人に聞かれてしまうことがあるため。
- 仕事用携帯電話、また私用電話でも仕事関係の方の連絡先が入っている電話は紛失に気を付けます。

　これらのポイントを心掛けることで、スムーズなビジネスコミュニケーションが期待できます。日本のビジネス環境では、電話での礼儀正しさが非常に重視されるので、常に相手に敬意を表することが大切です。

11　メール

【メールの一例】

　日本でのビジネスメールのマナーには、特有のルールや慣習があります。これら
を守ることで、好印象を相手に与えることができます。いくつかのポイントを説明
します。

(1) 件名をわかりやすく

● **具体的な件名**：件名は簡潔かつ具体的に、メールの内容が一目でわかるようにしましょう。例えば、「9月度売上報告書送付の件」「5月度業務報告会の開催について」など具体的でわかりやすいタイトルが適切です。メールの緊急性や重要性を伝えるためにタイトルに【重要】【至急】【要返信】などの言葉を付け加えるなど、相手の方に伝わりやすい工夫をすることも良いでしょう。

(2) あいさつ

● **ていねいなあいさつ**：メールの冒頭には、「お世話になっております」や「いつも大変お世話になっております」といった表現を使って始めるのが一般的です。

(3) 本文の構成

● **自己紹介**：初めてメールを送る場合は、「はじめてご連絡をさせていただきます。」というような言葉を添えて、自分の名前と所属（会社名、部署）を明確に書きます。

● **目的と要点**：メール本文のはじめの部分にメールの目的を述べ、次に要点を簡潔に述べ、詳細は箇条書きで分かりやすく整理しましょう。最後までメールを読まないとどのような内容のメールであるのかがわからない文章はビジネスメールとしては適切ではありません。

● **ていねいな言葉づかい**：敬語を適切に使い、ていねいな表現を心掛けます。過剰な短縮言葉やカジュアルな言葉づかいは避けます。

(4) 結びの言葉

● **お願いの言葉**：メールの終わりには「お忙しい中を恐れ入りますが、ご確認のほどよろしくお願い申し上げます」など、相手に対するお願いの言葉を書きます。例えば、確認などをお願いするときは、「よろしくお願いいたします」、連絡事項を伝えるなどの時は、「よろしくお願いいたします」というような言葉でメールを結びます。

(5) その他の注意点

● **署名の情報**：ビジネスメールの最後には、自分の名前、役職、会社名、連絡先、会社の URL、メールアドレスなどの署名情報を入れるのが一般的です。署名はあらかじめ電子メールのアプリケーションの中で、作成しておくと良いでしょう。会社で決まった形式の署名がある場合は、その形式に合わせます。

● **添付ファイル**：添付ファイルをつける場合は、メール本文でその旨を伝え、ファイルの内容と関連性を説明します。添付ファイルを付ける場合に、個人情報を含むものや、セキュリティの観点から重要なファイルなどは暗号化をする（パスワード設定）ことが必要な場合があります。アプリケーションでパスワードを付けることができます。また、Web のシステムなどを使ってダウンロード形式で先方にファイルを送ることもできます。添付ファイルに関しては、会社によってルールが違うため、確認しておくと良いでしょう。最近は、添付ファイルなどを媒介とするウィルスなどもあるため、添付ファイルの取扱いには十分に注意が必要です。添付ファイルを付ける際には、暗号化をするなどの対策をとり、本文に添付ファイルを付けていること、そのファイル名を明記するなどの方法を取るようにします。

● **誤送信**：メールの送信をする前に、必ず相手先のメールアドレスに問題がないか確認します。別なお客様で同じ名前の方に送ってしまうなどのことがあ

ると、会社の信用自体が疑われることになります。アドレス帳などを活用し、常に整理しておくようにします。電子メールのアプリケーションによっては、はじめの文字を入力するとアドレスが予想されていくつか提示されるものがあります。しかし、その選択の段階で間違えて、気が付かずに違う人にメールをしてしまうという事故もあります。十分に確認をしてから送信します。また、電子メールのアプリケーションにもよりますが、アドレス帳などの機能を使い、送信相手のアドレスをあらかじめ登録しておくことにより、誤送信を防ぐことができます。

● **CC と BCC の使い方**：メールの機能には、CC（Carbon Copy）と BCC（Blind Carbon Copy）という機能があります。

CC は、同じ内容のメールを送りたい相手を指定します。例えば、お客様へのメールであれば、上司や関係する担当者などを CC に入れて送ります。ビジネス上、メールした内容をきちんと知っておいてほしいメンバーを追加して送る場合に使います。CC は、メールアドレスがメールを受け取った相手にも表示されます。

BCC は、CC と同じようにメールを送りたい相手を指定します。ただし、CC とは違って、BCC はメール受け取った相手には、メールアドレスが表示されません。つまり、メールを受け取った相手は、他に同じメールが送られていたとしても、誰に送られているかわかりません。一般的には、大人数の方に同じ内容のメールを送る際に使います。例えば、To を自分にして、BCC に送りたい相手のメールアドレスを、全員分入れます。そうすると、それぞれの人にメールは送られますが、送られた人には、他の人のメールアドレスが表示されないので、個人情報であるメールアドレスは、他の人には知らされません。個人のメールアドレスが自分の意図しないところで、様々な人に広がってしまうことを防ぎます。CC と BCC の使い分けについては、メール機能として覚えておくことが必要です。

- **返信のタイミング**：ビジネスメールでは迅速な返信が求められることが多いですが、内容をよく理解し、適切な返答を心掛けましょう。

- **メールを書くタイミング**：メールを夜中に書いたり、返信することがあるかもしれませんが、基本的に会社の営業時間以外にメールを書いた際には、すぐに返信がないという前提でメールをするようにします。至急の対応が必要な要件については、メールをする以外に、電話をするなどの方法を使うことが大事です。また、夜中は、文章が感情的になってしまう、また、昼間落ち着いて仕事をしている時とは違う文章の表現になってしまうことが多いと言われています。メールを書いて出すことや、返信をすることが夜中になるときには、翌朝落ち着いてメールを書いて出すようにします。

　これらのマナーを守ることで、相手に敬意を表し、スムーズなコミュニケーションを図ることができます。ビジネスにおいては、マナーを重んじることも多いので、メールにも礼儀を尽くすことが重要です。

12　チャット・SNS

　ビジネスシーンでのSNSやチャットの使用には、特定のマナーや慣習があります。プライベートとビジネスのコミュニケーションでは、使い方に大きな違いがありますので、それぞれに適切な対応を理解することが重要です。最近では、特定のSNSのアプリの使用について制限されている会社もありますので、使用するときには確認をしておく必要があります。その点を踏まえていくつかのポイントを説明していきます。

(1) ビジネスでの SNS（Social Networking Service）とチャットのマナー

①ビジネスマンとしての適切な態度を保つ

- **アカウントの区分**：ビジネス用とプライベート用のアカウントを分けること
が望ましいです。ビジネスアカウントでは、会社のメールアドレスを使用し、
プロフィール画像も適切なものを選びます。
- **言葉づかい**：敬語を基本とし、礼儀正しいコミュニケーションを心掛けます。
カジュアルすぎる言葉づかいや略語、スタンプの多用は避けましょう。

②コミュニケーションの形式

- **明確な目的**：メッセージには明確な目的を持たせ、具体的な内容を簡潔に伝
えます。
- **返信のタイミング**：ビジネスでは迅速な対応が求められます。できる限り早く
返信することが望ましいですが、内容によっては確認や準備が必要な場合も
あります。柔軟な対応が必要なります。全く返信をしないのは相手にも失礼
にあたります。チャットや SNS などは、早い返信が期待できますが、仕事中、
会議中などは、返信が難しい場合もありますので、緊急の場合は、チャット
や SNS に加えて、電話などの対応をすることも必要です。

③ 情報の取り扱い

- **機密情報の管理**：ビジネスチャットでは、社外秘や機密情報の取り扱いに特に注意が必要です。不用意に情報を共有しないようにしましょう。

(2) プライベートでの SNS とチャットのマナー

皆さんの中には、普段の生活の中で、LINE や Facebook、Instagram などを使っている方も多いのではないでしょうか。プライベートでのマナーにも少しふれておきます。例えば、仕事が終わって、同僚の方とのやり取りなどがある場合なども気を付けるポイントはあります。

① SNS はカジュアルなコミュニケーション

- **言葉づかい**：友人や家族とのコミュニケーションでは、カジュアルな言葉づかいが一般的です。しかし、公の場では適切なマナーを守ることも忘れないでください。特に、誰が見ているかわからない SNS などの投稿は、マナーを守るようにしましょう。
- **表現の自由とマナー**：プライベートアカウントでは、個人の趣味や興味を表現することが多く、より自由なスタイルが許容されます。しかし、プライベートアカウントであっても、会社に対する批判や、お客様のことなどを投

稿してしまうようなことは避けましょう。例えば、会社の飲み会や、社内の行事などのことを勝手に SNS などに投稿することは良くありません。写真に写っている人の許可などを得るなど、ルールを守ることが大切です。一定の加工をしたとしても会社名を載せてあると、それをお客様が見ることも想定できます。

②プライバシーの保護

- **情報の共有**：個人情報や他人の情報を共有する際には、プライバシーを尊重することが重要です。無断で他人の写真や情報を投稿することは避けましょう。

- **ビジネスとプライベートの区別**：ビジネスとプライベートでは、目的とするコミュニケーションの性質が異なります。ビジネスでは、社会人としてのふるまいを保ち、効率的かつ効果的なコミュニケーションを行うことが求められます。一方、プライベートでは、よりリラックスしたやり取りが許される場合が多いです。それぞれの場面で適切なコミュニケーションスタイルを選ぶことが、トラブルを避けます。しかし、プライベートであっても社会人として常識を逸脱した投稿は避けましょう。

13　コミュニケーションの優先順位について

　それぞれの場面で必要になるコミュニケーションは、どのような方法で相手と連絡をとるのかは、その状況と緊急性によって変わってきます。ここまで、電話、メール、チャットなどのツールの使い方について説明していますが、どのようにそのツールを使うかというのは、状況に応じて変えていく必要があります。

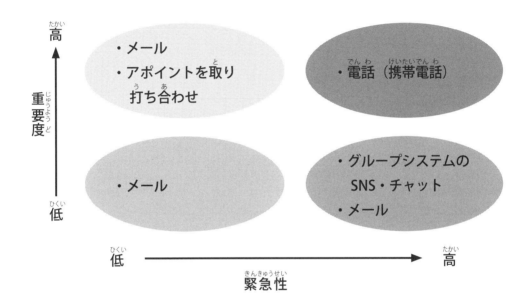

　基本的にメールなどは、すぐに読むとは限らないため、緊急の場合には、電話をするというのが良いでしょう。チャットなどに関しても、すぐに読んでいただける状況かどうかという考慮が必要です。業務時間中で、オンラインになっていることが確認できるのであれば、有効でしょう。様々な観点から緊急性の高い事象に関しては、電話、または、個人に直接連絡の取れる携帯電話などが望ましいでしょう。仕事として、それぞれのツールを使う順位は、社内、社外を含め、連絡体制をあらかじめ決めておくと、連絡がとれやすく、緊急のことが起こった時にも慌てずに対処することができます。会社によって、ルールを決めている場合もありますので、しっかり確認しておきましょう。

14 日本語能力の向上

　日本に就職をする場合は、多くの企業でビジネスレベルの日本語が求められます。日本語能力試験（JLPT）N1 または N2 の取得が有利とされています。また、日常会話だけでなく、ビジネス日本語も習得することが重要です。これは、職場でのコミュニケーション、企業文化の理解、そして職業生活における成功に直結するからです。日本語能力向上の必要性と重要な学習点についてポイントを説明します。

(1) 日本語能力の必要性

①コミュニケーション能力

　日本の職場では、同僚や上司、お客様との円滑なコミュニケーションが求められます。日常会話だけでなく、ビジネスシーン特有のていねいな言葉づかいや敬語を正しく使用することが必要です。会社の中で仕事をしていくということは、チーム、複数人で仕事にあたり、それぞれの人が連携をして仕事を進めていくので、会話が成立しないと仕事を進めていくうえでトラブルを起こす、仕事でミスをするということにもつながるという意識を持つことが必要になります。

②企業文化との適応（会社の中で働くことに対する理解）

　日本企業には独特の文化や慣習があります。例えば、朝礼や定例会議、報連相（報告・連絡・相談）の習慣、お客様を大切にする精神、会社に対する帰属意識など、これらを理解し適応するためには、高いレベルの日本語理解が求められます。これらの慣習は、最近どんどん変わっているといわれていますが、それでも、ビジネスマナーの中では重要であり、これらを理解することは、日本で働くためのスキルであることを認識しましょう。

③キャリア機会の拡大

　言語能力が高いほど、就職活動やキャリアでの選択肢が広がります。専門的な分野での仕事や高度な技術を要する職種でも活躍できる可能性が高まります。技術が高いことは、ビジネスの場面ではとても大切ですが、やはり仕事をスムーズに、期待される結果を出すためには、日本語でコミュニケーションが取れることが重要です。ビジネスの現場で、大半の方が日本語で話しているところで、日本語を理解し、日本語で話し、日本語を書くということは、前提条件となっているところがあります。日本語でのコミュニケーション能力が高いほど、様々な方面でキャリアを築くことができるのは容易に考えられるでしょう。外資系の企業などでも日本での営業展開を考えている企業は、やはり、日本語でのコミュニケーションを重視しています。やり取りされる文書やメールなどもすべて日本語で行われるので、日本語のコミュニケーションが堪能であれば、仕事の場、活躍できる職種が増えることは言うまでもありません。

（2）学ぶべき重要なポイント

①敬語の使い分け

　ビジネス日本語において敬語は基本です。尊敬語、謙譲語、丁寧語の3種類があることは前述のとおりです。敬語を適切に使い分けることは、職場で仕事を一緒にする礼儀正しい人というような良い印象を与えます。自分の立ち位置と相手の立場をしっかりと認識して言葉を使い分けることが大切です。いろいろな場面によって使い方が変わるので、言葉の意味も把握していないと会話やメールのやり取りなどで自然にコミュニケーションをとることは難しいと感じるでしょう。言葉だけではなく、言葉の意味、またその言葉を使う相手まで含めて学習することが大切です。

②ビジネス用語の習得

　専門用語やビジネス関連の語彙を学ぶことで、会議での議論や業務の指示などがスムーズに行えるようになります。自分が就職する業界の専門用語や、技術的な用語や一般的な用語はあらかじめ学習することができます。就職活動中には積極的に学ぶようにしましょう。就職先の企業において、その企業独特の用語や略語などが使われる場合があります。その際には、一般的な専門用語に加えて学ぶことが必要になります。

- はじめは、ビジネス全般で使用される基本的な用語から学び始めます。例えば、「営業（えいぎょう）」、「会議（かいぎ）」、「契約（けいやく）」など、日常的によく使われる言葉の意味と使い方を学びましょう。

- 業界固有の用語に焦点を当て、自分の就職を希望する業界の専門用語を学習しましょう。

- 特定の業界に進む予定がある場合は、その業界固有の用語に焦点を当てて学習することが役立ちます。例えば、金融業界では「株式（かぶしき）」、「債券（さいけん）」、「利益率（りえきりつ）」などの用語が頻繁に使用されます。

- 実際のコンテキストでの用語使用を理解することが役立ちます。

- 実際のビジネスシーンでの言葉の使い方を把握するために、日本のビジネスニュースや専門記事を定期的に読むことをお勧めします。これにより、最新の業界動向や用語の使い方を学べます。

- シミュレーションと実践：ロールプレイやビジネスシミュレーションを通じて、実際のビジネス会話で用語を使用する練習をすると良いでしょう。また、インターンシップやアルバイトを通じて実際のビジネス環境で学ぶことも非常に有効です。

- 言語交換やネットワーキング：日本人のビジネスマンとの会話や勉強会などのネットワークを通じて、実践的な会話能力を向上させることができます。これにより、自然なビジネス会話での用語使用を身につけることができます。

これらのポイントを意識しながら、日常的に用語を覚えていくことが、ビジネスシーンでスムーズに対応するための鍵となります。また、継続的に学習を行うことで、徐々に用語の理解が深まり、実践的なビジネススキルが身につきます。学校に通うだけでは身につけることが難しい言葉も就職活動など、社会に向けた活動を始めたところから必要になってきますのであらかじめ、余裕をもって学習しておくことが大事です。

③書き言葉と話し言葉

ビジネス文書の読解力と、メールや報告書などの書き言葉の能力は、日本の職場では特に重要です。正確かつ適切な文書を作成できる能力を身につけることが求められます。特に、メールなどは、話し言葉をそのまま書いてしまうことも多いので、気を付けましょう。

④聞き取りと発音

日本語の聞き取り能力は、会議や日常の業務指示を理解する上で必須です。また、正しい発音で話すことで、社会人としての誠実な印象を与えることができます。例えば、お互いに急いでいるときなど平常心ではない時には、早口で話す、逆にうまく言葉で表現できないということなどがあります。このような時に、お互いに落ち着いて話すためにも聞き取りづらいことを再度話していただけるように的確な質問をするということも大切です。

⑤具体的な学習方法

● **日本語学校への通学やオンラインコース**：専門的なビジネス日本語を学べるコースを受講する。留学などの経験がある方は、日本語学校から学び始めるのではないでしょうか。

- 日本人との交流：日常会話からビジネス会話まで、実際に日本人とコミュニケーションを取る機会を持つ。

これらを通じて、日本語能力を効果的に向上させることができます。言語は単なるコミュニケーションツールでなく、文化への理解と適応の鍵です。

- **雑談**：雑談は、「casual conversation」または「small talk」と訳されることがあります。これは、特定の目的を持たず、親しみやすい話題について気軽に話すことを指します。日常生活や社交の場では、人々がリラックスしてコミュニケーションを取る手段として用いられます。学生であれば、先生や日本人の学生、アルバイト先の友人、また就職後は、職場の先輩や同僚、別の会社であっても同じプロジェクトで仕事をしている人などと、休憩中や一緒に食事をしているタイミングで、趣味の話やニュースの話などを話してみるなどちょっとした雑談をするということも非常に重要な行動です。自分の知らない知識や情報を聞くこともでき、相手との距離が縮まる良い機会です。少し難しいと感じることがあるかもしれませんが、自分のネットワークづくりに役立つことが期待できます。

第2章

コンプライアンス
（法令遵守）

2

　コンプライアンスとは、日本のビジネス環境において、非常に重要な要素です。コンプライアンスは、法令遵守のことを指し、企業が法律や規制、業界の基準に従うことを確保するための方針や手順を意味します。例えば、日本の様々な法律、労働関係の法律などの大きな法令から、会社独自の就業規則まで自分たちの周りにある法令（規則）を守るということを言います。ここでは、日本のビジネスシーンで特に重要視されるコンプライアンスのポイントと具体例を紹介します。

1 機密情報に関する取扱い

　ビジネス上で発生する機密情報については、企業間での契約として、機密情報保護契約を交わします。仕事の内容、技術、関連するお客様の情報など機密情報とされることを他にもらいしませんという約束事です。ビジネスでは、とても重要な契約で、ビジネスを始める際に必ずかわすものです。したがって、その仕事についている社員も同じように機密情報を漏洩してはいけないということをしっかりと意識することが重要です。

具体例：技術者派遣などの契約をする場合、その派遣先の企業の秘密事項や仕事に対する特別な事項などを自社、または、他の人に漏らしてしまうこと。システムの仕組みや、まだ情報公開されていない情報などを話してしまうことです。例えば、携帯電話に仕事のことで電話があって、周囲にたくさん人がいても、固有名詞や具体的な仕事の話を大きな声で話して、たまたまライバル企業の関係者がその話を聞いていたため、情報が漏れてしまったということもあります。日々の行動にも十分に気を付けなければなりません。

2 プライバシー保護と個人情報の取り扱い

　日本では、個人情報保護法に基づき、個人情報を厳格に管理する必要があります。ビジネスにおいて顧客や従業員の個人情報を取り扱う際は、その情報の利用目的を明確にし、適切な安全対策を講じることが求められます。

具体例：顧客から受け取った住所や電話番号は、顧客の同意なく第三者に開示してはならない。また、情報が不要になった場合は、適切に消去または廃棄する。個人情報に関しては、自分の会社だけではなく、お客様の情報まで守らなければならない明確な法律があります。その個人情報については、企業ごとにそれぞれの個人情報保護方針を持っているため確認して、その方針を遵守します。

3 アンチハラスメント

　日本のビジネスシーンにおけるハラスメントは、職場での健全な環境を損ない、従業員の幸福や生産性に悪影響を及ぼす深刻な問題です。この問題について理解を深め、適切に対応できるようにすることはビジネス上とても重要です。以下に、主な種類のハラスメントと注意点を説明します。

(1) ハラスメントの種類

①セクシャルハラスメント（セクハラ）

セクハラの例

卑わいな言葉をかける

不必要に体に触れる

セクハラにつながる不適切な行為

酒席で上司のそばに席を指定する

「男のくせに」と叱責する
「女には仕事を任せられない」と
言う

　セクシャルハラスメントとは、性的な言動が相手にとって不快感を与える、また恐怖を感じさせる、職場や学校などの環境を悪化させる行為を指します。例えば、不適切な身体的接触、性的な冗談や発言、求愛行動が断られた後の報復などが含まれます。セクシャルハラスメントを受けたとき、疑われたときに対処するためにどのような対策をとるのが良いかを説明します。

● **教育と啓発**：セクシャルハラスメントを理解し、それが法的にも社会的にも許されない行為であることを認識することが大切です。また、何がハラスメ

ントに当たるのかを知ることも重要です。軽い気持ちで発言したことが相手に嫌な思いをさせてしまっているということは、日常生活でも多い事例です。無意識にハラスメントをしてしまっていることがあるため気を付けなければいけません。ハラスメントをするほうも、されるほうもセクシャルハラスメントを理解しておくことは大事です。しかし、過剰に反応をして、なんでもセクシャルハラスメントに結びつけるような行動をとることは望ましくありません。

● **相談窓口の利用**：多くの学校や職場にはセクシャルハラスメントの相談窓口があります。何か問題が発生した場合、安心して相談できる体制が整っています。あらかじめ会社の相談窓口や相談の方法などを確認しておくと良いでしょう。

● **明確なルールとガイドライン**：社会人として、職場のセクシャルハラスメントに関するポリシーを理解し、ルールを守ることが求められます。これにより、何が許される行為で何が許されない行為かを明確に把握しておくことが大切です。

● **適切な対応策の実施**：ハラスメントが発生した場合、迅速かつ適切な対応が必要です。状況によっては、法的措置を含むさまざまな解決策が検討されることもあります。

● **サポート体制の確立**：友人、同僚、カウンセラーなど、信頼できる人々からのサポートを得ることも、困難な状況を乗り越えるためには重要です。会社内でそのような関係づくりをしておくことも大切です。安全で健康的な環境で学び、働くことができるよう、これらの対策を理解し、適切に行動することが求められます。

②パワーハラスメント（パワハラ）

パワハラの6類型

身体的な攻撃

精神的な攻撃

人間関係の切り離し

過大な要求

過小な要求

個の侵害

　パワーハラスメントとは、職場などでの権力や立場の優位を利用して、他の従業員に対して精神的または物理的な苦痛を与える行為を指します。これには、過度な要求、理不尽な批判、仕事の妨害、人格の否定、社会的な孤立などが含まれます。パワーハラスメントに遭遇しないように、また遭遇した場合に対処するためにどのようなことが必要かを説明します。

● **教育と理解**：はじめにパワーハラスメントの定義とパワーハラスメントが職場環境にどのような悪影響を及ぼすかを理解することが重要です。日本の職場文化、環境を学び、どのような行為がパワハラにあたるのかを知ることが大切です。

● **明確なポリシーの確認**：日本では、パワハラ防止法という法律があります。パワーハラスメントに対する対策を講じることが会社としての義務になってい

ます。そのため、いくつかの措置をとらなければいけません。従業員への意識の浸透、管理職への研修の実施、就業規則への盛り込み、相談窓口の設置、ストレスチェックの実施などがそれにあたります。会社の規模や従業員数などにより、それぞれの施策の義務化の度合いは変わります。会社がどのようなポリシーを設けてパワーハラスメントを防止しているかを確認しましょう。これには、具体的な行動規範や苦情処理のプロセスが含まれます。あらかじめ理解しておくことで、いざという時にいち早く行動を起こすことへのきっかけにもなります。

- **相談窓口の利用**：多くの組織にはパワーハラスメントの相談窓口や担当者がいます。何か問題が起きた時には、これらの窓口を活用することが有効です。また、セクシャルハラスメント同様、公的機関にも相談窓口が多数あるので会社に相談するのは少し抵抗があるという方は、利用するのが良いでしょう。

- **証拠の保存**：パワーハラスメントが疑われる行為に遭遇した場合、できる限り詳細を文書化し、関連するメールやメッセージ、録音などの証拠を保存しておくことが役立ちます。

- **サポートネットワークの構築**：信頼できる同僚や上司、友人、家族など、サポートとなる人々との関係を築くことも重要です。サポート体制を作ることで精神的な支えとなり、必要な助言や援助を提供してくれるでしょう。

- **法的手段の検討**：状況によっては、法的な相談を行うことも考えられます。体調を崩すなど就業できないほどの問題となり、パワーハラスメントが深刻な問題となった場合には、専門の弁護士に相談することも一つの選択肢です。

皆さんが健全で公正な職場環境で働くことができるよう、これらの対策を講じることが推奨されます。

【公的機関の相談窓口】

- 明るい職場応援団（厚生労働省）：相談窓口一覧が案内されているサイト

https://www.no-harassment.mhlw.go.jp/inquiry-counter

- インターネット人権相談受付窓口（法務省）

  https://www.jinken.go.jp/

  （外国語対応　https://www.moj.go.jp/JINKEN/jinken21.html#01）

- ハラスメント悩み相談室（厚生労働省委託）

  https://harasu-soudan.mhlw.go.jp/

- こころの耳（厚生労働省）

  https://kokoro.mhlw.go.jp/

- 総合労働相談コーナー（厚生労働省）※様々な言語に対応

  https://www.mhlw.go.jp/general/seido/chihou/kaiketu/soudan.html

③モラルハラスメント（モラハラ）

　精神的な苦痛を与える行為で、従業員を精神的に追い詰めるような行為がこれに該当します。侮辱、脅迫、過度の批判などが含まれます。

　最近は、上記の代表的なハラスメントのほかに、様々なハラスメントの種類があります。妊娠をしている方に向けてのマタニティハラスメントなども問題視されているハラスメントの1つです。

- **明確なガイドラインの理解**：日本の多くの企業では、ハラスメント防止のための明確なガイドラインが設けられています。入社時にこれらのガイドラインを確認し、理解することが重要です。モラルと一言で言っても範囲が分かりづらいので、自分の所属する会社のガイドラインをしっかりと理解しておくことが必要です。

- **適切な対応と報告**：ハラスメントを受けた時、または目撃した場合は、やり過ごしたり見過ごしたりするのではなく、適切な方法で報告することが必要です。ほとんどの企業には内部で通報するシステムが設けられています。ハラスメント対策をしている担当者やハラスメント相談窓口があります。ただし、規模の小さい中小企業では、対応が行き届いていない場合もありますので、その場合には、公的機関など適切な相談窓口に相談するのが良いでしょう。

- **教育と訓練**：ハラスメントに関する研修やトレーニングを受けることで、そのような状況をどのように識別し、適切に対処するかを学べます。また、文化的な違いによる誤解を避けるためにも、これらの研修などの受講をおすすめします。企業ではハラスメントに関する教育研修は義務化されています。自社にそのような研修がない場合は、以下のサイトを参考にしてください。

- **明るい職場応援団（厚生労働省）**：ハラスメントに関する相談機関が案内されているサイト

  https://www.no-harassment.mhlw.go.jp/inquiry-counter
- 動画で学ぶハラスメント

  https://www.no-harassment.mhlw.go.jp/movie/index

動画で、ハラスメントについて学ぶことができる厚生労働省のサイトなどで、学ぶこともできます。

● **相互尊重の促進**：職場での相互尊重を促進する文化を理解し、実践することが、ハラスメントを防止する上で非常に効果的です。ハラスメントは、個人だけでなくチーム全体のモチベーションにも影響を及ぼすため、これらの問題に敏感であることが大切です。日本の職場では、尊重と礼儀が非常に重視されるため、これらの基準を理解し、適切に行動することが重要です。あくまでも、お互いに尊重しあうことが大切です。

第3章
就職活動の流れの理解

日本の就職活動は特有の流れがあり、新卒採用と中途採用で異なる場合があります。例えば新卒採用では、一斉に行われる採用試験や面接が一般的です。留学生がどのタイミングで活動を開始すべきかを理解することが大切です。各種学校の修了前年次の3月以降から企業の説明会が実施され、6月1日から選考を開始されます。一般的なスケジュールではなく、独自のスケジュールで動いている企業もあるため、自分の希望の企業が決定している場合は、インターンシップなどに参加したり、直接問い合わせしたりするなどして情報を収集しておくことも大切です。

1 就職活動の準備

(1) 業界研究

あらかじめ、自分が希望する業界があれば、どのような会社があるのか、それぞれの会社がどのような特色があるのか、またその会社で自分が仕事をしていく上で、自分が考えているキャリアが築けるのかなどについて、しっかり考えておく必要があります。業界研究は、履歴書などで自己アピールをする項目を書くためにも必要なため様々な方法で、研究することをお勧めします。業界だけではなく、自分

がどのような仕事をしたいかという観点でも業界を調べておくこととは必要です。例えばIT関係の仕事がしたいということであれば、IT関係の仕事は、さまざまな業界に存在します。IT関係の仕事にはどんな職種、職務があって、それぞれにどのような特徴があり、自分が興味をもつ仕事はどの職種にあたるのかなど細かいところまで考えておくと、業界研究をする時にもより具体的に情報を収集することができます。しかしながら、100%満足できる会社や仕事はありません。特に社会人になったばかりの時期には、自分が考えた仕事に対する理想のイメージと、実際に自分ができる仕事の内容など現実の状況があまりにも違うと感じ、ショックを受けてしまうことがあります。これをリアリティショックと呼びます。長い学生生活から、いきなり社会人になるので、イメージがつきにくいのは仕方がないことです。少しでも自分が納得できる仕事や会社を選ぶために就職活動の時にしっかり考えておきましょう。また今後の人生の中で、自分のキャリアが占める部分は大きいです。長い人生なので、転職をすることもあるでしょう。その時のためにも就職活動時の業界研究は、社会人としての勉強のスタート地点です。業界研究自体は、その後の転職時にも必要になってくると思います。業界の中でどう転職しながらキャリアを築くかなどを考えるタイミングも出てきます。業界研究はあらゆる意味で就職活動に必要な準備工程です。しっかり取り組みましょう。

(2) 業界研究の進め方

① 業界を決める

● **自分のしたい仕事から考える**：自分のしたい仕事が見つかったら、その仕事ができる業界を考えていきましょう。例えば、先生であれば、教育業界です。公立学校の教師なのか、教育会社の講師なのか、教育に関するコンテンツを作る人なのか、営業なのか仕事自体も具体的に見ていけば興味も深くなります。そして、その業界の中にどのような仕事があって、今までに自分が知らなかった仕事にも出会えるかもしれません。選択肢を広げて考えるようにす

ると良いでしょう。

● **自分の行きたい会社から考える**：具体的に、この会社に行きたいということを決めているのであれば、その企業が、どのような業界に属していて、その業界がどのように動いているのかという状況をつかむことができるでしょう。その会社の中で、どのような仕事があり、その仕事の中で自分が興味深い仕事があるのか、今までに学んだことをさらに深める仕事があるのかなど、さまざまな観点から調べてみましょう。

● **興味のある業界を選ぶ**：会社や仕事はどうしたらよいのかまだ決まっていないけれど、興味のある業界は決まっているという人は、その業界を調べましょう。業界を選定したら、その業界のトップ企業や有名な企業をいくつか調べてみましょう。そこから業界の動きが見えます。

製造業

情報・通信業

運輸

電気・ガス

広告・出版・マスコミ

金融・保険業

卸売・小売・飲食業

建設業

農林・水産業

鉱業

サービス

不動産業

【例：IT業界】

　アイコンに示した12の業界すべてにITの関連の仕事は存在します。各企業の中にある情報システム関連を扱う部門であれば、業界問わず、部門として存在します。どの業界にもITに携わるための仕事がるということです。皆さんの中には、IT業界という言葉のほうが聞きなじみがあるかもしれません。上の12の業界の中で、情報・通信と書かれている業界をもう少し細かくするとIT業界図のような形になります。日本には、ベンダー企業という企業体があり、SIer（エスアイヤー）と呼ばれる会社が多く存在します。システム開発やITシステムを作ることに特化した仕事を請け負っています。一般的にIT系の仕事をする人の7割の人は、ベンダー企業に所属しているといわれています。どの業界のシステムも、このベンダー企業が作っているという構図になっています。IT関連の仕事に就きたい人は、具体的にどのような仕事をしたいのかという絞り込みはしっかりしていたほうが良いでしょう。

②調べる方法

● **業界研究セミナーに参加する**：自治体主催、企業主催、学校主催などがあります。
　自治体主催のセミナーは、地域の有力企業がUターン、Iターンなどを目的に主催するセミナーです。地方に就職するさいに活用できます。企業主催のセミナーは、主催企業の業界についてのみのセミナーになるため、業界が絞れ

ている人は参加すると有意義な情報が収集できるでしょう。学校主催の業界研究セミナーは、学校が主催なので、卒業生の体験談や業界に関する説明をする場合が多いようです。自分の学校でそのような機会があれば、参加するのが良いでしょう。先輩方の声から有力な情報を収集でき、ネットや企業説明会などでは聞けないような情報が得られることが期待できます。

● インターネット、学校のキャリアセンターなどの資料から調べることもできます。

● 興味のある業界の中でいくつかの企業説明会に参加したり、就職支援サイトが開催する合同就職説明会などに参加したりするのも良い情報が得られることでしょう。

● 留学生向けの業界研究セミナーや企業研究セミナーなどもありますので、早い段階から学校のキャリアセンターや就職支援サイトなどから情報を収集しておくのが良いでしょう。

　これらの業界研究を経て、企業研究につなげ、自分の目標とする企業を選定していきます。かなりの時間がかかることが予想されますので、早めに進めることをお勧めします。

　また、企業規模も同時に考えていくこともお勧めします。安定的だと思われる大企業が良いのか、またいろいろなことを学ぶチャンスのある中小企業が良いのか、最先端のことなどを特化して進めているようなベンチャー企業が良いのかなど、それぞれに良い点があります。合同企業説明会への参加、インターンシップなどへの参加を通して、業界研究をしたことをさらに詳細に理解するという方法も良いでしょう。

(3) 自己分析

　日々の学生生活の中であまり自己分析をすることは無かったかもしれません。自

分の学生生活の中で学んだこと、自分で考えきれないということで悩む場合には、キャリアの専門家に支援をお願いし、アセスメントなどの方法で分析することができます。学校に併設しているキャリアセンターや就職課で支援してくれる場合もあるので、キャリア支援の担当者に聞いてみると良いでしょう。また、就職支援のサイトなどの自己分析ツールを使うのも良いでしょう。

2 インターンシップへの参加

　インターンシップは留学生にとって非常に有益な経験となります。インターンシップがどの企業で行なわれるのか、また、自分がどのような会社のインターーシップに参加したいのかを決めるためには、学校のキャリアセンターや就職課に来ている募集情報を確認したり、自分の志望する企業のサイトから情報を得たり、問合せなどをして情報を得る方法が確実です。いろいろな企業の情報をまとめて掲載しているサイトなどもありますが、最新の情報かどうか、また正しい情報かどうかなどについては、きちんと調べて活用するようにしましょう。ここでは、日本の企業でインターンシップを行う際の企業選びのポイントや参加方法について解説します。

(1) 企業の選び方

- **業界の選定・会社の選定**：自分が興味を持っている業界や将来働きたい業界を選ぶことが重要です。さらに具体的な企業が決められると良いでしょう。例えば、IT、自動車、ファッション、金融など、多岐にわたる業界があります。
- **企業の規模**：大企業は名前の知られたところなどを理由に選ばれることも多いですが、ベンチャーやスタートアップ企業、中小企業でもインターンシップを実施している企業が多くあり、大企業とは違い、より実践的な経験を積むことができます。インターンシップでどのような事が経験できるのかにつ

いてもあらかじめ検討事項として考慮すると良いでしょう。

● **企業文化と価値観**：企業の文化が自分の価値観やキャリア目標と合っているかを考慮することも大切です。企業のウェブサイトや社員のレビュー、SNSなどでのリサーチ情報は、最新の情報ではない、また、偏った考えの書き込みなどもあるため全面的に信用するのは良くありません。大学や専門学校の先輩（OB・OG）の話、またはニュースや新聞、企業サイトのニュースリリースなどを読んで参考にするのも良いでしょう。

● **サポート体制**：留学生にとっては、言語などのサポートが整っている企業であることも選択のポイントになるかと思います。しかし、就職に関しては、日本語ができることが有利になる場合が多いため、日本語力をあげる事を考えるのであればサポート体制にはこだわる必要はないかもしれません。

(2) 参加方法

● **エントリーシート、履歴書と職務経歴書の準備**：日本の企業では、履歴書（日本語での作成が一般的）と職務経歴書が求められることが多いです。フォーマットに注意し、必要であれば日本語のチェックを受けることが重要です。

● **面接の準備**：日本の面接では、礼儀正しさと謙虚さが評価されます。事前に一般的な面接質問の練習をし、ビジネスマナー（敬語の使用、正しい姿勢、適切な服装）に注意しましょう。

● **ビザの手続き**：インターンシップには「特定活動ビザ」が必要になる場合があります。ビザの種類はインターンシップの条件により異なるため、確認が必要です。特に報酬を受ける場合は、最寄りの地方出入国在留管理局において、事前に資格外活動許可を受ける必要があります。学校のキャリアセンターや就職課などで詳細を確認しておきましょう

（3）その他のアドバイス

- **ネットワーク（人脈）**：日本は、人脈を大切にする社会です。インターンシップ中に多くの人と交流を持ち、良好なコミュニケーションを築くことで、将来のキャリアに良い影響を与えることが期待できます。普通に就職活動をするだけでは得られないような会社の話や、キャリアモデルなどを聞くこともできるでしょう。また業界の話や、仕事自体の話を聞く機会を持つこともできるでしょう。

- **日本語能力**：日本語のスキルが高いほど、より多くのチャンスが開けます。特にビジネスレベルの日本語能力があれば、コミュニケーションの障壁が少なくなり、いろいろな方と話しを聞いたり、アドバイスを受けたりすることが期待できます。

このような準備と心構えで、インターンシップに臨むことで、その後の自分の仕事のイメージを描くことができ、就職後のアンマッチを防ぐことも期待できますので、積極的に参加をすると良いでしょう。

- **OB・OG 訪問**：自分の学校の卒業生や、同じ国から来ている留学生のネットワークなどで、すでに日本での就職をされている先輩の就職の経験談などを聞くことも参考になります。入社後の様子や仕事の状況などについても具体的な話を聞くことができるので、企業の選択や、業界研究などにも役立つ情報が得られます。

3　企業への申込

(1) 企業説明会

　企業説明会には、1社単独で実施される説明会と複数社が集まって実施する合同説明会があります。志望する企業が決まっているのであればその企業の説明会に申込みをしてから参加します。1社単独の説明会は、その場で、採用選考に近い面接を行う企業もあるため、そのための準備をし、心構えをもって行きましょう。適性検査や面談のようなことがあるかどうかは、説明会にお申し込みをするときにあらかじめ質問をして確認しておくと、当日あわてないですむでしょう。会社説明会は、正式な入社試験ではありません。しかし、待っている間、説明を聞く態度、退場時の態度など常に見られているという意識を持ち、身だしなみ、立ち居振る舞い、マナーに気を付けます。遅刻なども厳禁です。交通事情などでやむを得ず遅刻する場合は、必ず連絡を入れるようにしましょう。説明会では、質問などをする機会も設けられているので、質問をする際には、まず学校名と氏名をはっきりと伝え、手短に質問をしましょう。そのためには、あらかじめ質問したいことをまとめておくことも大事です。会社説明会で得た情報に関しては、ノートなどに整理して記録をしておくと良いでしょう。その後の就職活動の際に役立ちます。会社説明会は、会社側から考えると会社を選んでもらうためのPRの機会でもあるので、できるだけ、皆さんにとって良い話しを中心にしてきます。皆さんは、説明を聞いて、できるだけ客観的な視点を持ち、情報を受け取るようにしましょう。

　会場では皆さんの態度も見られていますが、皆さんも会場にいる社員の態度やふるまいを見ることが大切です。例えば、時間通りに説明会が始まるか、資料がきちんと渡されているか、先輩方のみだしなみは適切か、また質問事項などに対する回答は誠実かなどいろいろなポイントから説明会の運営の状況から普段の会社の様子を見て取れるところがあります。自分がこれから所属するかもしれない企業の情報を自分の目で確認できる機会なので、しっかり見るようにしましょう。

(2) エントリーシート（ES）

【エントリーシートの一例】

エントリーシート　　　　記入日 ○○年○○月○○日

| 氏名 | フリガナ | | 生年月日 | | 写真貼付 |
| E-mail | | | 性別 男 女 | | |

| 現住所 | フリガナ 〒　　　TEL　　　携帯電話 |
| 帰省先住所 | フリガナ 〒　　　TEL |

| 出身高校 | 大学 | 大学院 |
| 高等学校 | 大学 学部 学科 | 大学院 研究科 （修士・博士） 専攻 |

ゼミ・研究・卒業研究　テーマ：

クラブ・サークル活動　クラブ・サークル名：

アルバイト　職種：

資格・免許　　　　趣味・スポーツ

入社後やってみたい仕事をお書きください

大学時代に最も真剣に取り組んできた事柄は何ですか？

当社を志望した理由は何ですか？

あなたの会社選びの基準は？

語学力

海外留学・留学歴

　エントリーシートは、就職活動の際に企業に提出する書類の１つです。インターンシップなどに参加する際にも申込時に提出する書類となる場合もあります。いずれにしても、自己アピールの機会にもなるわけですが、この書類によって面接に進めるかどうかを判断される資料でもありますので、どのようにエントリーシートを書くかはとても重要です。企業としては、この時点でいくつかのポイントを見ています。この学生が、仕事に対するモチベーション、志望動機から企業に対する思いはどのくらいあるのか、また文章などから学生の性格や考え方などを見ています。エントリーシートは、皆さん自身のことを書かなければいけません。いかに自分の考え、気持ちを伝えられるかが大事です。しかしシートに記入できることは限られています。あまりだらだらと長く書くスペースもありません。そのため、自分の伝えたい言葉をしっかり伝えられることがポイントとなります。アピールできる

ことをあれもこれも書いたとしても伝わらないのです。そこで、企業の人事の担当者にどのような自分を理解していただくか、ポイントを絞ります。サークル活動、留学、アルバイト、趣味の活動、学生生活で頑張ったことなどあらゆるポイントでさまざまなエピソードがあると思いますが、その中でも、自分らしさをアピールできるものを絞って書いたほうがよいでしょう。コロナ禍以降、その機会が減ってしまったという場合もあるかもしれません。しかし、オンライン授業の中で苦労したこと、気を付けたこと、また、外出の機会が減ったがオンラインゲームなどを通して、様々な人と出会って、新しいコミュニケーションの方法から様々なことを学んだなど、自分が過ごしてきた時間の中で得たものなどを具体的なエピソードを加えて書いていくと良いでしょう。そして、文章は、簡潔に、わかりやすい文章を心がけます。つまり、読む人の立場になって文章を書くということです。自分本位な文章は、読み手には伝わりづらいということを意識して書きましょう。読む人に伝わらなければ、どのような良いことを書いても意味がありません。あまり長い文章をだらだらと書くより、一文一文を短くすることも1つの手段です。

　「one sentence one message」一文にひとつのメッセージ、つまりひとつの文章で一つの情報を入れる文章で書くことで相手に伝わりやすくなります。シンプルな文章をいくつか書いて伝えたいことをまとめていくと読み手の人も読みやすくなります。そして、その文章を読む人は、企業で働いている人であることも意識しましょう。限られた時間で皆さんの書いた文章を評価します。もっとも大切なことは、エントリーシートの提出期限に余裕をもって提出することです。期限間際に提出することは、担当の方の印象も良くありません。仕事に対しての意識を考えて、期限を守ることは絶対です。そして、より印象の良い行動としては期限に余裕をもって提出することが大切であるという意識は忘れないようにしましょう。

　なお、はじめに書いたようにインターンシップの申し込み時のエントリーシートは、大きな違いはありませんが、志望動機を書かせる場合もありますが、インターンシップで何を学びたいかという目標を書かせる企業もあります。

(3) 履歴書の書き方

【履歴書の一例】

履 歴 書　　年　月　日　現在						
ふりがな			写真貼付	年	月	学 歴 ・ 職 歴
氏名						
生年月日　　年　月　日生(満　才)　男・女						
ふりがな		電話				
現住所 〒						
ふりがな		電話				
連絡先 〒				年	月	免 許 ・ 資 格
年	月	学 歴 ・ 職 歴				
				志望の動機、特技、好きな学科、アピールポイントなど		
				本人希望記入欄		

　日本の履歴書には特有のフォーマットがあり、正しい書き方を学ぶ必要があります。エントリーシートと内容が被る部分も大きいです。どのように自己PRを行うかも重要なポイントです。専門学校や大学では、決められたフォーマットを使うこともありますので、確認しておくと良いでしょう。履歴書は、最近では手書きで書かずにパソコンを使って記入することも多くなってきています。一般的な履歴書の書き方で注意する点を項目ごとに確認していきます。

● **連絡先**：履歴書の連絡先は、必ず記入します。氏名、住所、電話番号、メールアドレスなどの項目が一般的です。メールアドレスや電話番号などは、面接の調整や急用などのときに連絡をやり取りするために書くので、必ず連絡のつくような情報を書くことが大切です。いつもつかっていないメールアドレスを記入したり、実家の固定電話などの電話番号を記入したりした場合、す

ぐに連絡が取れないなどのことがあると、就職活動では、マイナスポイントになるため気を付けましょう。

● **写真**：証明用の写真を用意しましょう。最近は、証明写真をデータで受け取ることもできますので、パソコンなどで履歴書を作る際には、とても便利です。スマートフォンなどでとった写真を使う方もいますが、履歴書は、就職するための第一歩、つまり皆さんの第一印象となる書類ですので、証明書用の写真データを履歴書用に用意しておきましょう。

● **学歴**：学歴は、日本でいう中学校卒業から書くことが多いです。西暦ではなく、和暦で記入する場合が多いので、あらかじめ、西暦と和暦を調べておくと良いでしょう。何年何月に入学して、卒業をしたかを順番に記入していきます。カレッジや大学を卒業している場合には学部や学科も記載しましょう。また、出身の国で仕事をした経験があれば、学歴の下に、職歴を書きます。仕事の経験がなければ、「なし」と書きます。

● **長所・短所**：長所とは、自分の良い点のことです。例えば、「人とのコミュニケーションが得意」「向上心がある」「明るい性格である」などのポジティブなポイントのことを言います。一方短所とは、自分の良くない点のことです。例えば「少し気が短い」「初めて会う人とは話しがなかなかできない」など自分の中ではネガティブなポイントのことを言います。

● **自己PR**：長所・短所という項目ではなく、自己PRという項目の場合、自分のことをアピールできるポイントをまとめて書きます。履歴書全体が、自分をアピールする内容を書くものですが、その中でも最もアピールできることを自己PRでは書くと良いでしょう。そして、そのことが仕事に生かせる部分であるという点まで書くとより具体的なPRになるでしょう。

例えば、「私は、とても明るい性格なので、周りの雰囲気も明るくすると友人や家族から言われます。私の明るさを生かし仕事に取り組むことで、お客様や、同じ部署の方々とよりよいコミュニケーションづくりが期待できると思います」というように、仕事につなげて書くとより、伝わりやすい文章にな

ります。

● **趣味・特技**：趣味は、自分の生活を豊かにするために行っているものなので、好きで行っていることをしっかりとまとめて書き、そのことが自分の生活にとってどのような良い影響をもたらしているかなどを書くのが良いでしょう。特技は、持っている資格や得意なスポーツ、または、興味をもって今取り組んでいることでも良いでしょう。資格名などは、正式名称を書き、いつ取得したかも書き添えるのが適切です。。

● **学校生活のこと（得意科目など）**：学校生活で大変だったことや、乗り越えるためにどのように努力したかなどを書く場合があります。また、得意科目などを聞かれる場合もあります。大学などの場合は、ゼミや卒業研究などのことを書くのも良いでしょう。得意科目となった理由、経緯なども書き加えるとより、具体的に伝わります。

● **学業以外の取り組みについて（部活・サークル）**：学業以外にサークルなど、人との交流やボランティア活動など、学業以外の活動でどのようなことを学び、楽しんできたのかなど、また、印象深いエピソードなどを書き添えるのも良いでしょう。

● **志望動機**：志望する企業によって、志望動機の内容は変わります。そのため、どの企業に出す履歴書もすべて同じ志望動機を書くことはないはずです。志望動機は、どれだけ企業研究をしたかが明確に文章に出ます。この会社のどの部分が、自分の考え方や将来のキャリアに合っているという具体的な志望理由を書くようにしましょう。志望に至る経緯や、企業研究で自分が感じたことなどを書くのも良いでしょう。就活やビジネスの本に書いてあるようなありきたりの文章を書くことは、マイナスポイントになります。

● **本人希望欄**：履歴書に本人希望欄がある場合は、一般的には「御社規定に従います」と書きます。新卒で就職活動をしている場合には、この部分には、給与や休暇など自分の視点からの希望などは書きません。あくまでも謙虚な姿勢を優先します。

4 筆記試験

　就職活動というと、エントリーシート、履歴書などを書くことや面接試験がメインの準備となり、筆記試験に対しての準備が不足してしまう学生も多いです。筆記試験には、適性検査、SPI 試験、基礎学力を見る日本語に対する言語的なチェック、計算問題などの数学的なチェックなどがあります。企業によっては、メンタル面や性格などを見る検査などを行うことがあります。代表的な筆記試験に対しての準備について説明します。

(1) SPI 試験

　多くの企業が導入しており、受験者の特性や性格などの判断、入社に向けて企業側との相性のミスマッチを防ぐ、入社後の所属部署を検討するなどのために使われています。試験内容としては、応募者の性格や人となりを測定することができる「性格検査」、応募者の知的能力を測定することができる「能力検査」があります。性格検査は、300 問あり、30 〜 40 分程の時間で解きます。これは、自分の性格を図ってもらうものなので、問題に対して、すなおに回答していくのが良いでしょう。仮にこちらのほうが性格が良く見えるかもしれないというような回答をしても、全体の回答を通して、「自分の性格をよく見せようとするところがある」という判断をされてしまいます。正直な回答が望ましいです。能力検査には、言語分野（国語）、英語能力、文章読解力、非言語分野（数学）、構造把握力検査などがあり、だいたい中学から高校レベルの問題が出題されます。だいたい 60 〜 70 ほどの時間で解きます。言語力や計算力といった基礎学力のほか、論理的思考力や一般常識などがどれくらい身についているかを測定します。出題される問題の傾向と、回答の仕方については、問題集や過去問などが書店に多く出ています。また Web にも対策が出ていますので、就職活動に入るタイミングで学習をはじめることをおすすめします。テストの形式としては、テストセンターなどで受験する、また、ペーパー

テスト、Web受験などの方法があります。留学生の場合にも同様の試験が実施されるのか、別な形態なのかを説明会の時に確認しておくと良いでしょう。

(2) 一般常識テスト

　一般常識の問題は、言語、語彙・文章読解の問題や計算問題などの社会人として一般常識とされる知識や、時事問題、業界に特化した内容など多岐にわたります。社会人として働いていく上で最低限求められる知識が身についているかについて確認するための出題となります。日々ニュースをチェックしたり、書店で購入できるような一般常識の過去問題を解いたりするなどの事前準備ができる問題になります社会情勢、業界のニュース、世界の情勢などの問題が多く出題されます。時事問題については、普段からニュースや新聞、インターネットなどで情報を収集しておくことが必要です。自分の希望する業界などのニュースは、しっかり見ておくことをお勧めします。

(3) 性格テスト、適性検査

　SPI試験でも説明したことと重複しますが、性格テストや適性検査は、入社後のミスマッチなどを少なくするために、また書類選考だけでは読み取れない人柄を知るために実施します。様々な種類があり、受験方法もペーパーやWebなどいろいろです。応募者が多い企業は、絞り込みをするという意味も兼ねています。何が正しい回答ということはないので、自分に素直に回答するようにしましょう。考えて印象がよい回答をしても、自分のことを良く見せる人物ということが結果に表れます。正解がないテストであるということを認識しましょう。

5　面接試験について

（4）その他の試験

　あまり、多くの会社で行われていることではありませんが、パソコンの操作性を図る試験、（Word、Excel）、小論文、グループセッションなど、様々な試験の形式をとる会社もあります。小論文は、時事問題などニュースについてどう感じるか、他にも自分が興味深いものなど自分の意見をしっかりと述べることができるかどうかということを問われることが多いです。また、グループセッションは、チームで課題を解決する際に自分が積極的にチームに貢献する態度をとれるかどうかなどのことを見られています。最近は、様々な方法で人物像を見られる試験も増えています。

5　面接試験について

（1）面接試験

　最近の面接試験は、学生1名で何名かの面接官の「個人面接」、学生複数人で同時に面接する「グループ面接」、オンラインツール（Zoom、Teamsなど）での「オンライン面接」があります。それぞれの面接で気を付けるべき点を説明します。

足を少し開いて座る
手をももの上

手を膝の上

ひざが見えないように
スカート丈に
気を付けましょう

79

受付→入室→待機→入室→面接→退室の流れで進みます。会社に入る前にネクタイなどの身だしなみを確認し、受付を済ませます。受付の際の態度、待機をするときの姿勢や立ち居振る舞いに気を付けます。また、たとえ同じ学校の友人が同席したとしても私語は控えます。入室の際には、ノックを3回して、室内から「どうぞ」の声が聞こえたらドアを開け、「失礼します」とあいさつをします。椅子にはすぐに座らずにバッグをわきに置いて、一度面接官の目を見て、「○○大学○○学部の○○○○です。本日はよろしくお願いいたします」と挨拶をします。「どうぞおかけください」と面接官に促されてから椅子にすわり姿勢を正します。この後面接を行い、面接が終了したら退室します。退室のさいには、椅子を立った時点で「ありがとうございました」とあいさつをし、ドアを開けます。ドアのところで再度、「失礼いたします」とあいさつをし、お辞儀をし、静かにドアを閉めます。

(2) 個人面接

学生1名につき、1名ないし、複数名の面接官で面接を行う形式のことを言います。最近ですと、2次面接などが個人面接になることもあります。かなり緊張を伴いますので、しっかりと準備しておくことが大切です。特に、志望理由や長所・短所など自分のことについては、ただ暗記したことをいうのではなく、自分の言葉で自分の思いを面接官に伝えられるように練習をしておきましょう。

(3) グループ面接

　学生複数名につき、複数名の面接官で面接を行う形式のことを言います。1次面接などがこの形式の場合が多いです。集団面接だからこそ気をつけたいのは、「面接の時間はみんなで共有していることを意識する」「他の人の話をきちんと聞くこと」です。アピールしたいことがたくさんあったとしても、コンパクトに伝えられるように、あらかじめ整理しておきましょう。同じ質問を全員に聞かれる場合、自分の順番ではないとしても、姿勢を正してほかの就活生の話に耳を傾けましょう。発言していない時のマナーも見られています。視線や手の位置などについても面接官からは良く見えていますので気を付けましょう。自分が答えるときは、個人面接と同じく、自分の言葉で自分の思いを伝えられるようにしましょう。グループ面接の場合は、先ほど説明した入室や退室の時のマナーは、入室のときの先頭になった場合のノック3回と、退出の時の最後になった際にドアの閉め方に気を付けるようにします。周りの人と動きを合わせるようにするのが良いでしょう。もちろんですが、緊張するなどの理由で、少しマナーに反する行動をしてしまう人には合わせる必要はありません。先頭になった場合は、最後の人を気遣い、最後に入室、または退室する人は、先頭を待たせすぎないようにする心遣いが大切です。

（4）オンライン面接

　オンライン面接も個人面接とグループ面接の形式がありますので、気を付ける基本的なポイントについては、対面の面接とは変わりません。よくオンライン面接のときには、下半身は見えないので下はスーツでなくても良いと思う方もいますが、やはり対面の面接と同じように、上下ともスーツを着てください。下半身は着替えていないということでは、面接をする方に対しての敬意が感じられません。自分も気持ちが入らないでしょう。まれに立ってくださいという面接官もいます。オンラインの場合は、通信の状況によりトラブルが発生することも考えられますので、緊急の際の連絡先は、面接担当の方には聞いておくようにしましょう。また、自宅から面接に参加するということもあるかと思いますが、家族と住んでいる人は、面接が実施されることをあらかじめ家族に伝え、その時間は、静かに過ごしていただくように気を付けていただきましょう。またマイク付きのヘッドホンやイヤホンを使うということも騒音対策になります。自分の部屋で面接を行う際には、壁などが背面になり、顔が画面のちょうどよい位置になるように調整しておきましょう。明るさなども確認しておきましょう。窓を背中にしてしまうと画面に日光が反射し画面が暗くなるなどのことがあります。また背景を替えたりすることを禁止される場合もありますので、慌てないようにきちんと調整しておくことが大切です。あらかじめ、面接本番で使うツールで自分がどのように映るのかを確認しておくなど、リハーサルを行うと良いでしょう。通信環境や、パソコン、カメラなどの環境が整わない場合は、学校に相談し、教室などでの面接ができるように調整をお願いしましょう。オンライン面接の場合は、ボタンを押して入室したところから面談は始まります。待機室を設ける場合もあります。5分前ぐらいには、入室をしておくのが良いでしょう。手順については、会社からのお知らせをよく確認しておくようにしましょう。当日慌てないための環境確認やリハーサルをしておくことは大切です。対面の面接と同じように、オンラインでも自分の言葉で自分の思いを話せることは大切です。オンラインの場合手元当たりが見えないので、メモなどを置いておく人

もいますが、視線が下に向いてしまうのですぐにメモをみていることは面接官に分かります。パソコンのカメラの位置は、ノートパソコンであればモニタ部分の上部中央にあります。そのカメラに向かって視線を向けないと、面接官を見て話しをしていることにはなりません。目の前に映し出されている面接官の顔を見ても面接官の視線とは合わないので、正面からカメラを見て話すように心がけましょう。またカメラの位置が違う人は、あらかじめカメラに自分がどう映るのかを確認し、カメラに正面に向かって話せるようにカメラ位置を調整するか、カメラが動かせない場合は、自分の体の入りを調整して、座る姿勢や位置を確認しておきます。

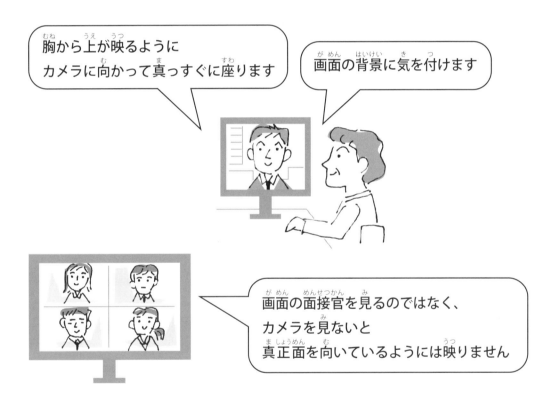

胸から上が映るように
カメラに向かって真っすぐに座ります

画面の背景に気を付けます

画面の面接官を見るのではなく、
カメラを見ないと
真正面を向いているようには映りません

　オンラインの場合、音が少し遅れることがありますので、相手が完全に話し終わってから自分が話し出すようにします。相手の声に被ってしまうと相手が話し終わらないうちに話し出し失礼なことになります。もし、面接官と言葉が重なってしまった場合は「失礼いたしました」と一言お詫びをして、面接官が「どうぞ」と言ったら、話始めましょう。また、回線などの状況により、聞き取りづらいことも

ありますので、その時には、遠慮せず「今、聞き取りづらかったのですが、もう一度質問をお願いします」とはっきりとお願いしてください。グループ面接などの際には、順番にこたえていくので、これも対面と同じく、他の人の発言中は、口角をあげ、明るい表情で、しっかりと話しを聞くようにしましょう。オンラインであっても同じグループの人との時間を共有していることを意識しましょう。

労働法規の知識

4

ろうどうほうき　　　ちしき

1 就職に必要な法知識

　日本で就職するにあたって、労働契約や労働条件、就業規則、ビザの種類とその条件など、基本的な法律知識を持つことが重要です。特に就職するときの必要なポイントを説明します。

2 労働契約

　就職するときには、労働契約書を交わします。労働契約を交わすと、皆さん（労働者）には、労働の義務が発生します。誠実に使用者の指揮命令下で業務を遂行しなければいけません。労働者が義務を果たすことにより、会社（使用者）は労働者に賃金を支払います。賃金を支払うだけではなく、安全配慮義務や、職場環境への配慮義務なども発生します。皆さんは、この基本事項をしっかりと認識しましょう。労働契約書には、労働契約の期間、就業場所、始業、終業の時刻、休憩時間、休日、休暇、賃金、支払い方法、賃金の支払い期日、退職に関する事項が書かれています。これらの項目を労働条件通知書という書類で確認する場合もあります。

【雇用契約書の一例】

雇用契約書

株式会社　　　　　　　　　　（以下「甲」という）と　　　　　　　　　　（以下「乙」という）は、
以下の条件に基づき雇用契約（以下「本契約」という）を締結する。

雇用内容	
雇用期間	1.　期間の定めなし 2.　期間の定めあり 　令和　　年　月　　日　から　令和　　年　　月　　日　まで
就業場所	
就業時間	時　　　分　から　　　　　時　　　分　まで （休憩時間）
休日	土・日曜日及び祝祭日、年末年始、夏期休暇 但し、業務の都合により上記休日を変更させ就業する場合がある。
給与	基本給　　　　　　　　　　　　　　　　　　円 手当（　　　　　　　　）　　　　　　　　円 総支給額　　　　　　　　　　　　　　　　円 毎月 20 日締め、翌月 25 日（銀行が休日のときはその前日）支払
昇給	年　　　回（　　　月） 但し会社の業績または個人の成績により改定しない場合がある。
賞与	年　　　回（　　　月・　　　月） 本人の能力等を勘案して定める。会社の業績により、支給しないことがある。
支払方法	銀行　　　支店　口座番号
退職に関する事項	1.　期間の定めなし　※定年まで 2.　期間の定めあり（　　　　　　　　　　　　　　　　　　　） ただし会社が必要と認めた場合には　継続雇用または契約更新する場合がある。
保険	健康保険　厚生年金　雇用保険　（保険料は入社翌月の給料より徴収する）
その他	勤務上の詳細な規程は就業規則に基づく。
特約事項	本契約は労働基準法その他の法律を基準として解釈する。 本契約に規定されていない事項は、甲乙協議の上、定めるものとする。

以上の合意を証するため、本契約書を2通作成し、甲乙による署名、捺印の上、各々1通を保有する。

年　　　月　　　日

（甲）
所在地
会社名
代表者　代表取締役　　　　　　　　　　　印

（乙）
住　所
氏　名　　　　　　　　　　　　　　　　印

【労働条件通知書の一例】

（一般労働者用；常用、有期雇用型）

労働条件通知書

年　　月　　日

_____　殿

事業場名称・所在地
使　用　者　職　氏　名

契約期間	期間の定めなし、期間の定めあり（　　年　　月　　日～　　年　　月　　日） ※以下は、「契約期間」について「期間の定めあり」とした場合に記入 1　契約の更新の有無 　［自動的に更新する・更新する場合があり得る・契約の更新はしない・その他（　　）］ 2　契約の更新は次により判断する。 　・契約期間満了時の業務量　　　・勤務成績、態度　　　　　・能力 　・会社の経営状況　・従事している業務の進捗状況 　・その他（　　　　　　　　　　　　　　　　　　　　　　　　） 3　更新上限の有無（無・有（更新　　回まで／通算契約期間　　年まで）） 【労働契約法に定める同一の企業との間での通算契約期間が5年を超える有期労働契約の締結の場合】 　本契約期間中に会社に対して期間の定めのない労働契約（無期労働契約）の締結の申込みをすることにより、本契約期間の末日の翌日（　年　月　日）から、無期労働契約での雇用に転換することができる。この場合の本契約からの労働条件の変更の有無（　無　・　有（別紙のとおり）　） 【有期雇用特別措置法による特例の対象者の場合】 無期転換申込権が発生しない期間：Ⅰ（高度専門）・Ⅱ（定年後の高齢者） 　Ⅰ　特定有期業務の開始から完了までの期間（　　年　　か月（上限10年）） 　Ⅱ　定年後引き続いて雇用されている期間
就業の場所	（雇入れ直後）　　　　　　　　　　　（変更の範囲）
従事すべき業務の内容	（雇入れ直後）　　　　　　　　　　　（変更の範囲） 　　　　　　【有期雇用特別措置法による特例の対象者（高度専門）の場合】 　　　　　　・特定有期業務（　　　　　　　　開始日：　　　　完了日：　　　）
始業、終業の時刻、休憩時間、就業時転換（(1)～(5)のうち該当するもの一つに○を付けること。）、所定時間外労働の有無に関する事項	1　始業・終業の時刻等 (1)　始業（　　時　　分）　終業（　　時　　分） 【以下のような制度が労働者に適用される場合】 (2)　変形労働時間制等；（　　）単位の変形労働時間制・交替制として、次の勤務時間の組み合わせによる。 　始業（　時　分）終業（　時　分）（適用日　　　） 　始業（　時　分）終業（　時　分）（適用日　　　） 　始業（　時　分）終業（　時　分）（適用日　　　） (3)　フレックスタイム制；始業及び終業の時刻は労働者の決定に委ねる。 　　（ただし、フレキシブルタイム（始業）　時　分から　時　分、 　　　　　　　　　　　（終業）　時　分から　時　分、 　　　　　　　　　コアタイム　　　時　分から　時　分） (4)　事業場外みなし労働時間制；始業（　時　分）終業（　時　分） (5)　裁量労働制；始業（　時　分）終業（　時　分）を基本とし、労働者の決定に委ねる。 ○詳細は、就業規則第　条～第　条、第　条～第　条、第　条～第　条 2　休憩時間（　　）分 3　所定時間外労働の有無（　有　，　無　）
休　　日	・定例日；毎週　　曜日、国民の祝日、その他（　　　　　　　　） ・非定例日；週・月当たり　　日、その他（　　　　　　　） ・1年単位の変形労働時間制の場合－年間　　日 ○詳細は、就業規則第　条～第　条、第　条～第　条
休　　暇	1　年次有給休暇　6か月継続勤務した場合→　　日 　　　　継続勤務6か月以内の年次有給休暇（有・無） 　　　　→　か月経過で　　日 　　　　時間単位年休（有・無） 2　代替休暇（有・無） 3　その他の休暇　有給（　　　　　　） 　　　　　　　　無給（　　　　　　） ○詳細は、就業規則第　条～第　条、第　条～第　条

（次頁に続く）

　また、勤務体系には、通常の始業・終業で時間を決めるものの他に、フレックスタイム制、交代制などの時間をずらして出勤をするという企業もあるので、契約の際には、確認をする必要があります。労働条件は必ず企業側から明示されるものなので、内容を確認して分からないことがあれば、サインをする前に質問をして、納得してからサインをするようにしましょう。また、提示されている給与に関しては、提示金額の全額をもらえるわけではありません。日本国内で就業する場合は、日本の社会保険（健康保険、年金、雇用保険）に加入することが義務となっています。健康保険、年金の保険料は、会社との折半です。保険金額の半分は、自己負担のため、給与から控除されます。雇用保険は、労働者本人が給与額の 6/1000 の負担、企業負担は、15.5/1000 を負担します。合計すると大体 15％〜 20％の金額が差し引かれ給与として振り込まれます。また、入社 2 年目の 6 月から個人の住居がある市町村に住民税を支払うことになります。住民税は、前年の収入に応じて決まるもので、全員が支払い義務のあるものです。留学生であっても日本に住居を構え、就業しているということで、最低限、これらの義務は発生することを覚えておきましょう。日本で就業する際には、日本の法令に関してもしっかり知る必要があります。

3 ビザについて

　就職をする際には、ビザの変更申請が必ず必要になります。就職後の在留資格は、企業規模、職務内容などにより手続きのための提出書類も変わるので、出入国在留管理庁の Web を確認する、学校に相談する、就職先の企業に相談するなど入社前にしっかりと確認をしておくようにしましょう。また、これらの手続きは、時間がかかるので、内定が決定したら、すぐに確認をして関係各所に確認をとり、手続きを早めに始めましょう。なお、就労ビザとして手続きができる職種は、次の「教授」、「芸術」、「宗教」、「報道」、「高度専門職 1 号」、「高度専門職 2 号」、「経営・管理」、「法律・会計業務」、「医療」、「研究」、「教育」、「技術・人文知識・国際業

務」、「企業内転勤」、「興行」、「技能」、「特定活動」「特定技能」の17種です。就業している会社を退職した場合には、変更の手続きが必要です。職種・業種を問わずに就業できるのは、「永住者」、「日本人の配偶者等」、「永住者の配偶者等」、「定住者」のみです。これらの在留資格を有する方は、日本国内での活動に制限は全くありませんので、どのような職業でも就労することができ、また、他の職業に転職することも自由です。これらの条件を確認したうえで、就職活動をするようにしましょう。

第5章
社会人として意識すること

1 ネットワーキングスキル（人脈づくり）

　日本では人脈が非常に重要です。大学のキャリアセンターや業界イベント、セミナーなどを利用して、広いネットワークを築くことが求められます。公的な機関でも就職活動を支援してくれるところがあります。各県ごとのハローワークなどに併設されているので、利用しやすいのではないかと思います。相談員の方と何度もお話をすることで、マッチする企業へのお申込みなどを支援してくれます。

● 外国人雇用サービスセンター・留学生コーナー

https://www.mhlw.go.jp/content/000498084.pdf

　企業側、学生側から紹介料などをとる仲介業者のような会社もありますが、トラブルを避ける意味では、自分でしっかりと企業と連絡を取り、就職活動をしていくことが、就職をした後のミスマッチなどをなくすためにも大切であることを認識しましょう。

　出身が同じ国の先輩などの話しを聞いたり、情報をいただいたりするのも良いで

しょう。留学生向けの会社説明会や就職フェアなども最近では多く開催され、各学校にもお知らせが来ていると思うので、積極的に足を運び、多くの企業の方と話しをしてみることも大切なネットワークづくりに役立ちます。多くの方からの情報を収集することで、就職活動をする際にも選択の幅が広がります。

2 情報リテラシー

　最近では、学生生活も、就職活動もインターネットを使って行うことが普通になっています。社会人としてもインターネット、情報機器を使っての仕事がほとんどです。日本で就職する留学生にとって情報リテラシーは、効果的な情報の収集・分析・活用能力として非常に重要です。特に異文化の環境下では、正確な情報を理解し適切に行動するための基本的なスキルが求められます。社会人としては、正しい情報、新しい情報を収集する能力、その情報を的確に効率的に収集できるか、そしてその情報を活用できるかという能力が必要です。

（1）なぜ情報リテラシーが大切なのか

　日本のビジネス環境では、正確かつ最新の情報を把握しておくことが求められます。特に言語や文化の壁がある中で、誤解や誤った情報に基づいて行動することのリスクを避けるためには、情報リテラシーが必須です。ポイントを絞って説明します。

①効率的な情報処理

　情報過多の現代において、必要な情報を効率的に選別し、活用する能力が求められます。特に就職活動では、企業研究や業界分析など、多量の情報から重要なポイントを抽出するスキルが重要です。また、仕事に至っても同じです。多くの情報の中から必要な情報を効率的に収集し、仕事に活用できる能力は最も必要な能力と

されています。

②クリティカルシンキング

　情報を批判的に分析し、その信頼性や価値を評価する能力も情報リテラシーのひとつです。日本のニュースや報道に接する際、客観的な視点を持ち、情報の背後にある意図や偏りを理解することが重要です。

● **適切なコミュニケーション**：情報を適切に伝えるためには、その内容を正確に理解し、相手が求める情報を的確に伝えることが必要です。これには高い情報リテラシーが必要とされます。

③ 情報の収集能力

　情報の取捨選択：何かを調べたいと思ったら皆さんはインターネットで調べると思います。今はAI機能も発達して、調べるツールが増えていて、いろいろなことがインターネットで調べられる時代になりました。皆さんも何かを調べたいときには、スマートフォンやパソコンですぐに調べるのではないでしょうか。ただ、情報の収集に関しては、書籍、雑誌、論文などから調べることもできます。新聞やテレビなどからも情報を得ることができます。また、そのことに詳しい方に聞くということもあるかもしれません。あらゆる手段から情報を収集することが大事です。特にビジネスに関する必要な情報に関しては、様々な方法で収集しましょう。しかし、収集した情報のすべてが信用できるとは限りません。中には、古い情報、使えない情報、正しくない情報などがあります。どの情報が自分にとって欲しい情報で、どの情報が有効な情報なのかその情報の取捨選択をすることもビジネスの上では非常に大切なスキルです。自分の収集した情報をしっかりと選別するためには、情報を収集するうえで大切なポイントがあります。

- 仮説を立てて、ポイントを決めて情報を調べていく
- 関連情報は、範囲を広げて調べていく
- テーマごとに時系列で情報を追っていく

　これらのポイントで情報を収集することによって、多くの情報に触れることができ、さらにその中で必要な情報を選別していくことができます。

　これらのスキルを磨くことで、日本のビジネス環境で求められるプロフェッショナルとしての能力を高めることができます。情報リテラシーの中でも情報活用能力とそれを分析し、伝えるためのコミュニケーション能力を高めることで、企業に大きな貢献ができる人材として期待されます。

(2) 仕事に対する意識

　皆さんは、学生生活で、規則正しい生活、お友達や先生など学校生活でのコミュニケーションの築き方、日常生活のマナー、学ぶことの楽しさ・大切さ、また、学校以外での貴重な体験や活動を通して得たものも少なくないと思います。こうして社会人に向けて様々な形で皆さんは意識しているか否かに関わらず、基礎力を身につけてきました。その基礎をもとに社会人となることを考えていきます。社会人として、仕事をする意義というのは、今後の自分の社会人生活のために自分が働くための糧になるものだと思います。「何のために仕事をするのか。」これをしっかりと考えることで、仕事に対する意識が生まれるのではないでしょうか。就職を機に考えていくのが良いでしょう。学生生活を終えるとなぜ就職をするのでしょうか。それは、社会的に自立・自律をするためです。社会、会社のルールを守り、自立をして生活するためのお金を働くことで得るためです。社会に出ることで、学生生活で学ぶことができなかった職務遂行のための能力を継続的に習得しながら、スキルアップ、キャリアアップを目指すことで、精神的にも成長を重ね、また、周囲から

の信用を得ることができます。自己成長をするために、人とのつながりを広げるために、人によって働く意義は違うかもしれません。しかし、自らの力で、自分の生活を維持し、安定させ、向上させていくために、経済活動は欠かせません。経済活動を継続させていくためには、自分のキャリアを考えて歩んでいかなければなりません。人生 100 年時代と言われる昨今、私たちは、この働く意義をしっかりと自分の中で考えていくことがとても重要であることを意識しましょう。自分のライフスタイルをどう選ぶのか、どのような仕事をしたいと思うか、自分がどのような仕事に向いているかなど、いろいろ考えて就職活動を始めることでしょう。しかし、人は成長を重ね、どんどんライフスタイルも、自分のしたい仕事もかわっていくかもしれません。変わることは悪いことではありません。自分なりに考えてその都度キャリアプランやライフプランを変えながらこれからの長い人生を生きていくことになるでしょう。人の生活は、仕事とプライベートを全く別々に考えることはできません。経済活動を軸として、自分の周りの環境、家族、友人との関わりの中で、すべての要因が重なって自分の生活ができています。たくさんの悩みがそれぞれの環境で起これば、そのたびに乗り越えて生きてくことになります。自分のキャリアは、あなたの人生にとってはどのような位置づけでしょう。「どのようなキャリアを積んでいきたいか。」これから何度となくこの問題と向き合うことになると思います。社会人の入り口に立った皆さんは、まず、今の時点で可能な限り考えてみる機会を作りましょう。

　しかし、就職を決める際に、すべて満足できる就職先や仕事はないといっても良いでしょう。時間的な制限や、実力などの要因で、妥協をすることがあるかもしれません。就職して半年ぐらい経過すると、自分が思い描いた理想と、研修や配属された先での仕事という現実があまりにも差があるということに対してショックを受けることがあり、仕事に対してネガティブな感情が出てきてしまうことがあります。第 3 章でも述べましたが、これをリアリティショックと言います。皆さんが、もしこの問題にぶつかった時、それは社会人になって初めての壁かもしれません。最近では、入社して 1 日で辞めてしまうという新社会人も少なからずいることが

ニュースになっています。自分がどういうキャリアを進んでいきたいのかということについては、その時に満足しなかったとしても、その後、リスキリングなどを重ねて、職務能力をあげることで、転職や転属などが可能です。自分自身でキャリアを決めていくということを軸に考えていくことが自立・自律への一歩なのです。もう一つ大切なことがあります。それは、仕事というのは、企業に属して、または企業の仕事を行うということだと定義すると、仕事は社会貢献につながっているということです。直接的ではないかもしれませんが、社会貢献、社会とのつながりが皆さんの働きがいや生きがいを得る機会につながるのです。

3 会社の中でのコミュニケーション

(1) 業務後のコミュニケーション

　上司や同僚との酒席について：業務後に社内での親交を深めるために食事や、飲みに行くなどの席に誘われることがあります。新入社員の時には、歓迎会などを含めいろいろな酒席がありますので、会社の雰囲気などになれるために参加すると、仕事上でも有効なコミュニケーションにつながることが期待できます。

　業務終了後の酒席は、仕事以外で上司や同僚との話をいろいろと聞くことができる機会のためとても貴重な時間です。ただし、いくつかのポイントについては注意しなければいけません。

- **原則として、自分の分の食事代は自分で払う**：上司が払ってくれる場合もありますが、その場合は、その場でしっかりとお礼を言うことを忘れないようにしましょう。

- **会社の人の悪口を言わない**：誰が聞いていて、人の口から人の口へ伝わり思わぬところでトラブルに巻き込まれることがあるため気を付けましょう。

- **ほどほどのタイミングで帰宅する**：泥酔するほど飲まないようにし、しっかりとした状態で帰宅できるようにする。

● 無礼講と言われても、上下関係のけじめには気を付け、節度を持った態度で臨席することが大切です。無礼講というのは、地位の上下関係を取り払い楽しむための宴会のことを言います。「無礼講だよ」と上司にいわれたからといって、マナーを無視した態度をとることで、後に気まずい雰囲気になってしまうこともあるため気を付けましょう。

　これらのポイントを考えると、友達との飲み会や学生時代の食事会などとは違うため気をつけマナーは守りましょう。新入社員は、まだ自分がどのくらいの量のアルコールを飲めるのかが分からない、お酒が弱いという人もいるでしょう。その場合は、先輩や上司に勧められるままに飲まないようにします。きちんと事情を説明してペースを守って飲むようにしましょう。また、その逆のこともあります。お酒が弱い人にどんどんお酒をすすめるのもよくありません。無理にすすめないようにする配慮もマナーの１つであるということを心得ましょう。相手の表情を見て、無理そうなときには、お酒を勧めないということも必要です。飲み会が、有意義なコミュニケーションにつながる楽しい会になるように心がけましょう。

(2) 社会人と学生の違い

　学生から社会人への移行は、大きな変化を伴いますが、自分の役割と責任を理解し、適切なマナーやコミュニケーションを身につけることで、スムーズに適応することができます。

　改めて社会人と学生の違いについてまとめます。ここまで触れてきた内容を改め

て学生と社会人との違いということでまとめていきます。

	学生	社会人
役割と責任	学生の主な役割は学びです。授業に出席し、課題をこなし、試験に合格することが求められます。責任は自分自身の学業成績や生活管理にあります。	社会人は仕事を通じて企業や社会に貢献することが求められます。仕事の成果が企業の業績に影響を与えるため、責任は自己の業務だけでなく、チームや組織全体に及びます。
時間管理	自分のスケジュールを比較的自由に組むことができます。授業の合間にアルバイトや趣味の時間を取ることが可能です。	勤務時間が決まっており、その時間内で仕事をこなす必要があります。自由時間は限られ、仕事とプライベートのバランスを取ることが重要です。
服装とマナー	学校の規則によりますが、比較的自由な服装が許されています。カジュアルなスタイルで授業に出席することも一般的です。	ビジネスの場では、スーツやオフィスカジュアルなど、適切な服装が求められます。ビジネスマナーや敬語の使い方にも気を配る必要があります。
コミュニケーション	友人や先生とのコミュニケーションが中心で、比較的カジュアルな言葉遣いが許されます。	上司や同僚、お客様とのコミュニケーションが重要です。敬語やていねいな言葉遣いが求められ、メールや電話のマナーも重視されます。
目標と評価	学期ごとに設定される課題や試験を通じて、学業成績が評価されます。個人の成績が主な評価対象です。	仕事の成果やプロジェクトの進捗を通じて評価されます。個人の業績だけでなく、チーム全体の成果も重要視されます。

学生は、お金を払って学びます。社会人は、労働をした対価として賃金が発生します。つまり責任が発生するということです。この責任についてはこの後の自分の生活、人生に関わる大きな課題です。しっかりと意識しましょう。

(3) 給与について

【給与明細の一例】

株式会社○○○○					令和○年○月分

部門名	○○○○○○部	社員番号	0001	氏名	＊＊＊＊殿

支給	基本給	役職手当	資格手当	出張手当	時間外手当	
	通勤手当	家族手当	住宅手当	扶養手当	休日出勤	総支給額 200,000

控除	介護保険	健康保険	厚生年金	雇用保険	社会保険合計	
			所得税	住民税	税額合計	控除合計 30,000

勤怠	労働日数	出勤日数	有休消化日数	差引支給額
	労働時間	欠勤日数	時間外労働	170,000

皆さんが社会人になると、会社から給与を支給されます。就職活動の時に、求人票に提示されている給与の額（初任給）は、その金額がそのままもらえるわけではありません。

日本の企業で仕事をすると、前の章で説明した様々な法律が適用されます。まず、求人票に書かれている金額は、基本給です。基本給だけではなく、見込みで時間外手当を付けている会社もありますので、しっかり求人票や会社からいただく資料などで確認しましょう。支給される金額の中には、手当なども追加される場合があります。住宅手当、交通費、資格手当など会社によってルールがあります。総支給額が決まりますが、そこから、控除される（引かれる）金額があります。健康保険料、介護保険料（40歳以上）、厚生年金保険料、雇用保険料、所得税、住民税な

どです。法規の章でも少し説明しましたが、健康保険料、介護保険料、厚生年金保険料は、会社と本人が半分ずつ折半して払います。保険料全体の額の半分が給与から控除されます。雇用保険料は、前述のとおり、会社負担は、7.5/1000、労働者負担は、6/1000 です。所得税は、その月の支給額から控除分を引いた金額に応じて、規程の税金額を控除します。住民税は、所得のある人は全員にかかります。前年の1月から12月の所得を基準に税額が決定し、翌年の6月までに住民税が決定します。働いている人は、基本的に特別徴収と言って、給与から控除され会社がまとめて払います。控除額は、人により少し違いますが支給額の 10%〜 15%程度控除されます。これらの控除をした金額が、皆さんへの支給額となります。新入社員として入社した年には、住民税は徴収されませんが、2 年目の 7 月度から特別徴収税が控除されます。

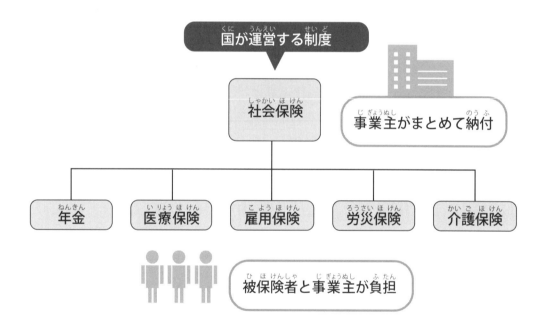

　これらの控除については、日本で就業している人は、国籍が違っても日本人同様に控除が発生しますので、控除を拒否することはできません。いずれ母国に帰る予定の人は、帰国するときに厚生年金脱退一時金という制度で、毎月積み立てた保険を一時金として受け取ることができます。健康保険は、病院にかかるときの保険証

だけではなく、病気になった際の傷病手当金や休業手当などを様々な手当金を受けることができます。これらの控除されているものをまとめて社会保険と言いますが、社会保険は、様々な制度で労働者のための保障をしてくれる制度です。

　給与は、会社ごとに給与体系が決まっています。年齢や能力、職務、職種などさまざまな観点で、皆さんの仕事にたいしての評価を実施し、給与が決まります。給与の昇給に関しては、給与規定について決まっています。

　最近では、Youtube やその他の SNS の投稿で、収益を上げている人もいるかもしれませんが、そのような収入は、副業扱いになることを認識してください。会社によっては、副業の許可申請をするなど手続きが必要だったり、または、副業が禁止という会社もあります。先ほど、所得税について説明しましたが、SNS などの収入についても所得税はかかります。そのため、2 つの収入源に関しては、必ず会社側にも分かる仕組みになっていますので、あらかじめ会社に確認をしましょう。

試してみよう

　ここで、仕事をしていくうえで、最も有名なビジネスフレームワークを実践してみましょう。就職活動から実践できるビジネスフレームワーク「PDCA サイクル」を紹介します。

とても有名なビジネスフレームワークであり、就職後の仕事の中でも使うことができるものなので、しっかり覚えて、どんどん活用していきましょう。

　「PDCA サイクル」は目標に対する結果を振り返り、改善点があれば、次のアクションに生かしていくという方法です。「PDCA」は、Plan（計画）、Do（結果）、Check（評価）、Action（改善）の4ステップで目標達成に向けた行動の質を上げていくために行いますが、これを何度も繰り返すことであらゆることの改善が期待できます。例えば、自分の就職先の目標を決めて、就職活動のためにどのようなことをするのか計画を立てていきます。その計画通りにエントリーをした結果どうだったのか、一連の行動について自分なりに結果をもとに評価をします。反省点があれば、その反省点を改善するための行動をどうすればよいのか考えて、次の志望就職先への就職活動準備について計画を立てていきます。このように、1企業ずつ就職活動に計画→結果→評価→改善を繰り返すことで、回をかさねるごとにより良い就職活動をすることが期待できるということです。

具体的な方法

① **計画を作成する（P）**：計画段階では、どのように動いていくかを書き出していくと良いでしょう。どのようなことをいつまでに実施するのかを整理します。それぞれの計画には目標も明記しておきましょう。目標を書いておくことにより、具体的なポイントに対して有効な振り返りができます。

② **計画を実行する（D）**：それぞれの計画に対して実行したこと、その時生じた出来事、計画との差などについて整理します。目標や計画に対して、結果が伴わなかった場合の原因についても考えます。

③ **行動の評価・分析（C）**：結果に対して、評価（チェック）をしていきます。改善点だけでなく、良かった点や気づいた点についてもまとめておきます。活動全体を見て、学びがあったかどうかを考えることも大切です。

④ **改善し次回に繋ぐ（A）**：次回以降の行動に向けて、修正できる点は、修正して、次の計画に組み込みます。

この4ステップを繰り返し行います。

おわりに

　皆さんが、留学生として志をもって日本で学び、日本で就職をするという目的はそれぞれに違うでしょう。日本で就職をすることで、学んだことを自分の出身国に持ち帰りビジネスにつなげたい人もいるかもしれません。また日本と海外の国の間を取り持つブリッジ人材になりたいと思う人もいるかもしれません。これだけ世界がボーダレスになりグローバルな社会が実現している現代では、さまざまな働き方ができるのではないでしょうか。私が社会人になった 30 年以上前とは、社会情勢も環境も全く変わっています。目覚ましい発展を遂げていて、仕事の内容も全く違うものになっています。ではこの 30 年以上、ずっと同じ仕事をしてきたかというとそんなことはありません。自分がいろいろな仕事を経験し、興味の方向も変わってきました。私は、ずっと IT 関連の業界に身を置いてきたのでインターネットが家庭で一般的に広まる時期も、光ファイバーが世界に張り巡らされるのもパソコンが1人1台ないと仕事にならない会社になるところも見ています。それでもコンピュータに対する興味、仕事をするということの楽しさのために柔軟に対応してきたと思います。私は、人に関わる仕事がしたいということと、コンピュータに関わる仕事をしたいということの 2 つを軸に仕事に取り組んできました。その軸を崩さずに仕事に対しては、柔軟な考え方で関わってきました。「この仕事しかしない」と決めて仕事に取り組むことも素敵なことだと思います。しかし世の中が変化の激しい時代になって、それは難しくなってきていると感じます。ただ、いろいろな仕事に携わってきた私が感じるのは、現代は、様々な技術の発展、特に AI の発達が目覚ましい時代に入ってきて、人がかかわる仕事の構成が大きく変わるかもしれないと考えており、すでに実感している部分もあります。だからこそ、皆さんには、もっと広い視野で、長期的な目線で自分のキャリアを考えていってほしいと思います。留学生であっても、日本人であっても就職という 1 つのライフイベントは、あなたの人生のすべてではありません。しかし人生を作るための大切なイベントであること

は確かなことです。就職という大切なライフイベントを迎える皆さんのお役に立てるテキストになればと思います。

■ **著者プロフィール**

二瓶 康子（にへい・やすこ）

株式会社ワイズ・システム　代表取締役

講師経歴：専門学校、大学のキャリア関連の授業の講師、企業のビジネスマナーや新人研修

資格：国家資格キャリアコンサルタント、2級キャリアコンサルタント技能士、ビジネス実務マナー検定2級、第二種電気工事士

現在は、システム開発の会社を経営。IT技術者へのキャリア支援を行っている。いくつかの専門学校でキャリア・ビジネスに関する授業、アプリケーション資格取得に関する授業、第二種電気工事士の国家資格対策授業などを担当してきた。

ビジネス演習⑧

留学生のための ビジネスマナー ワークブック

2024年7月20日　　初版第1刷発行

著　者　　二瓶 康子
発行人　　石塚 勝敏
発　行　　株式会社 カットシステム
　　　　　〒169-0073 東京都新宿区百人町4-9-7　新宿ユーエストビル8F
　　　　　TEL　　（03）5348-3850　　FAX　（03）5348-3851
　　　　　URL　　https://www.cutt.co.jp/
　　　　　振替　　00130-6-17174
印　刷　　シナノ書籍印刷 株式会社

本書の内容の一部あるいは全部を無断で複写複製（コピー・電子入力）することは、法律で認められた場合を除き、著作者および出版者の権利の侵害になりますので、その場合はあらかじめ小社あてに許諾をお求めください。

本書に関するご意見、ご質問は小社出版部宛まで文書か、sales@cutt.co.jp 宛に e-mail でお送りください。電話によるお問い合わせはご遠慮ください。また、本書の内容を超えるご質問にはお答えできませんので、あらかじめご了承ください。

Cover design Y.Yamaguchi　　　Copyright©2024　二瓶 康子
Printed in Japan　　978-4-87783-711-2

30ステップで基礎から実践へ！

●ステップバイステップ方式で確実な学習効果!!

留学生向けのルビ付きテキスト（漢字にルビをふってあります）

情報演習 49 ステップ 30
留学生のための Word 2019 ワークブック
ISBN978-4-87783-789-1／定価 990円 税10% 本文カラー

情報演習 50 ステップ 30
留学生のための Excel 2019 ワークブック
ISBN978-4-87783-790-7／定価 990円 税10% 本文カラー

情報演習 51 ステップ 30
留学生のための PowerPoint 2019 ワークブック
ISBN978-4-87783-791-4／定価 990円 税10% 本文カラー

情報演習 69 ステップ 30
留学生のための Word 2021 ワークブック
ISBN978-4-87783-855-3／定価 990円 税10% 本文カラー

情報演習 70 ステップ 30
留学生のための Excel 2021 ワークブック
ISBN978-4-87783-856-0／定価 990円 税10% 本文カラー

情報演習 71 ステップ 30
留学生のための PowerPoint 2021 ワークブック
ISBN978-4-87783-857-7／定価 990円 税10% 本文カラー

情報演習 47 ステップ 30
留学生のための HTML5 & CSS3 ワークブック
ISBN978-4-87783-808-9／定価 990円 税10%

情報演習 48 ステップ 30
留学生のための JavaScript ワークブック
ISBN978-4-87783-807-2／定価 990円 税10%

情報演習 43 ステップ 30
留学生のための Python [基礎編] ワークブック
ISBN978-4-87783-806-5／定価 990円 税10%／A4判

留学生向けドリル形式のテキストシリーズ

情報演習 52
留学生のための Word 2019 ドリルブック
ISBN978-4-87783-792-1／定価 990円 税10% 本文カラー

情報演習 53
留学生のための Excel 2019 ドリルブック
ISBN978-4-87783-793-8／定価 990円 税10% 本文カラー

情報演習 54
留学生のための PowerPoint 2019 ドリルブック
ISBN978-4-87783-794-5／定価 990円 税10% 本文カラー

ビジネス演習ワークブック

ビジネス演習 2
留学生のための簿記初級ワークブック
ISBN978-4-87783-702-0／定価 990円 税10%

ビジネス演習 4
留学生のための簿記 3 級ワークブック
ISBN978-4-87783-704-4／定価 1,540円 税10%

Office のバージョンに合わせて選べる

情報演習 55 ステップ 30
Word 2019 ワークブック
ISBN978-4-87783-842-3／定価 990円 税10%

情報演習 56 ステップ 30
Excel 2019 ワークブック
ISBN978-4-87783-843-0／定価 990円 税10% 本文カラー

情報演習 57 ステップ 30
PowerPoint 2019 ワークブック
ISBN978-4-87783-844-7／定価 990円 税10% 本文カラー

情報演習 63 ステップ 30
Word 2021 ワークブック
ISBN978-4-87783-849-2／定価 990円 税10% 本文カラー

情報演習 64 ステップ 30
Excel 2021 ワークブック
ISBN978-4-87783-850-8／定価 990円 税10% 本文カラー

情報演習 65 ステップ 30
PowerPoint 2021 ワークブック
ISBN978-4-87783-851-5／定価 990円 税10% 本文カラー

Photoshop を基礎から学習

情報演習 30 ステップ 30
Photoshop CS6 ワークブック
ISBN978-4-87783-831-7／定価 1,100円 税10% 本文カラー

ホームページ制作を基礎から学習

情報演習 35 ステップ 30
HTML5 & CSS3 ワークブック [第 2 版]
ISBN978-4-87783-840-9／定価 990円 税10% 本文カラー

情報演習 36 ステップ 30
JavaScript ワークブック [第 3 版]
ISBN978-4-87783-841-6／定価 990円 税10%

コンピュータ言語を基礎から学習

情報演習 31 ステップ 30
Excel VBA ワークブック
ISBN978-4-87783-835-5／定価 990円 税10%

情報演習 6 ステップ 30
C 言語ワークブック
ISBN978-4-87783-820-1／本体 880円 税10%

情報演習 7 ステップ 30
C++ ワークブック
ISBN978-4-87783-822-5／本体 880円 税10%

情報演習 33 ステップ 30
Python [基礎編] ワークブック
ISBN978-4-87783-837-9／定価 990円 税10%

ビジネス演習ワークブック

ビジネス演習 1
簿記初級ワークブック
ISBN978-4-87783-701-3／定価 990円 税10%

ビジネス演習 3
簿記 3 級ワークブック
ISBN978-4-87783-703-7／定価 1,540円 税10%

この他のワークブック、内容見本などもございます。
詳細はホームページをご覧ください

https://www.cutt.co.jp/